일본의 한국경제 침략사

쌀·금·돈의 붕괴

Rice, Gold, and Money: A Colonist's View on the Japanese Colony Management

By Kim SukWon

Published by Hangilsa Publishing Co. Ltd., Korea, 2022

김석원 지음

일본의
한국경제
침략사

쌀 금 돈의 붕괴

한길사

한국과 일본의 경제 관계를 돌아보다

- 프롤로그

일제강점기 식민 통치의 역사를 제쳐놓고 일본이라는 나라를 대할 수 있는 한국인은 거의 없을 것이다. 그러나 우리 역사가 너무 길어서인지 식민 지배를 받던 때를 다루기가 껄끄러워서인지, 정규 교육 과정에서도 그 시기에 대해 깊이 있게 다룰 기회는 별로 없다. 예전의 필자가 그랬듯이 대략적인 사건 몇 개만 알고 있는 경우가 흔하다.

대부분의 한국 사람들은 주변에서 들려오는 이론을 골라잡고 이를 바탕으로 일본을 대한다. 무작정 일본은 나쁘다는 주장부터 일본의 식민지가 되어서 한국이 혜택을 입었다는 주장까지 다양하나, 어떤 이유로 그 주장을 받아들였는지에 대해서는 구체적으로 대답하지 못한다. 이런 태도로는 역사를 대하는 방식이 주먹구구일 수밖에 없고 발전적인 방향으로 나아가기 어렵다.

필자 역시 일제강점기를 자세히 들여다보지 않은 채로 일본에 대한 의견만 가지고 있는 사람 가운데 하나였다. 그러던 중에 돌아가신 할아버님인 김준보金俊輔, 1915~2007 교수——1980년 고려대학교 정경대학에서 정년퇴임——의 유품을 받았는데, 그 속에 일본의 식민지 경영에 대한 저술들이 있었다.

'사람은 누구나 자신의 이익을 최대한 높이고자 노력한다'라는 간결한 인간의 본성을 바탕으로, 같은 시대를 살았던 사람이 체계적으로 식민 시대를 정리한 내용이었다. 조선 말기의 혼란상에 대한 명쾌한 설명뿐만 아니라 식민지 근대화론에 대한 정교한 논박이 들어 있었다.

이런 저술들을 경제학을 전공했다는 직계 후손조차 모르고 있었으니, 이제라도 널리 알리고자 필자가 필체를 다듬어 책으로 만들었다. 거의 반세기 전에 쓰인 학술 논문들이기 때문에 독자에게 쉽게 다가갈 수 있도록 번역에 가까운 작업을 했다. 되도록 쉽게 풀어쓰고 내용을 간추려 누구나 편하게 읽을 수 있도록 신경 썼다. 아리송할 것 같은 부분은 설명도 곁들였다.

그러나 학술 논문이라는 원글의 성격은 살려 자료의 출처와 각주 등을 보존해서 조금 더 깊이 연구하고 싶은 사람들을 위한 단서도 남겨놓았다. 인용한 자료들이 대부분 당대의 것이지만 조금 시간을 들이면 관련 문서들을 찾아내기 어렵지 않을 것이다.

사람들이 이 책을 읽고 조선과 일본의 역사적 관계와 그것이 오늘날 한국에 미친 영향에 대해 한번 더 생각할 기회를 갖게 되었으면 하는 바람이다.

2022년 10월
김석원

일본의
한국경제
침략사

제3부 강점기

제1부
개항기

1 조선의 개항과 일본의 생존

일본이 조선에 본격적으로 눈독을 들이게 된 때는 대략 1860년쯤일 것이다. 그 전부터 세계에는 한창 유행처럼 벌어지는 일이 있었다. 국력이 강하고 산업이 발전한 열강이 그렇지 못한 나라들에게 개항開港, 즉 항구를 열어 외국인들의 자유로운 경제 활동을 허가할 것을 '간절히' 원했다. 반면 열강이 아닌 나라들은 개항을 하지 않으려 발버둥쳤다.

상대방이 간절히 원한다는 것은 내가 제안을 받았을 때 그에게 큰 이익이 생기기 때문이다. 그런데 내가 간절하지 않다면 나에게 그 제안은 이득이 별로 없거나 오히려 손해를 감수

1853년	1864년	1868년	1876년
일본의 개항 (쿠로후네 사건)	흥선대원군 집권 (고종 즉위)	일본 메이지 유신 (천황친정체제)	조선의 개항 (강화도 조약)

병인양요(丙寅洋擾)

병인양요 때 사관으로 종군했던 화가 장 앙리 쥐베르(Jean Henri Zuber)의 그림이다. 1866년(고종 3년)에 발생한 병인양요는 병인박해에 항의하는 프랑스 함대가 강화도에 침입한 사건이다. 비슷한 전력의 대립이었으며 조선의 승리로 끝났다.

해야 할 수도 있다. 그럴 때는 일단 거부하는 것이 안전하다.

개항기의 조선 역시 같은 전략으로 1876년 일본에 의해 강제로 개항당하기 전까지 가능한 한 문을 열지 않으려고 안간힘을 썼다. 그런데 오늘날의 많은 한국인들은 개항을 빨리해 자유무역을 했다면 조선이 강해졌을 것이라고 주장하며, 조상들의 무식함과 고집스러움을 탓하곤 한다.

조선은 다른 나라들보다 개항에 대한 압력이 비교적 늦게 나타난 경우에 속한다. 좌우에 중국과 일본이라는 큰 시장들이 있는데다 조선 땅에서 나는 생산품도 많지 않아 개항 대상으로서의 중요도가 떨어졌다. 대원군 시절부터 본격적인 개항 요구를 겪게 되지만, 프랑스^{1866년 병인양요}나 미국^{1871년 신미양요}이 군함 한두 척을 보내 떠보는 것에 그쳤다. 다른 일에 바빴던 강대국들이 '조선은 굳이 수고를 들여 잡아먹을 정도는 아니'라는 식의 태도였기 때문이다.

그러나 일본은 달랐다. 상당한 규모의 기본 자원에* 몇 가지 행운이 겹쳐, 개항을 당하던 나라에서 만만치 않은 세력으로

---

* 이와미 은광만 해도 세계 은 생산의 1/3에 육박했다는 추정이 있으며 무려 400년 동안 채굴이 가능했다(UNESCO.org: Iwami Ginzan Silver Mine and its Cultural Landscape).

우라가에 내항한 흑선(黑船)들

일본어로 쿠로후네라고 불리는 흑선은 서양식 철선을 말한다.
1853년, 미국의 매튜 페리 제독이 이끄는 군함 4척이
일본의 우라가항에 들어와 개항을 요구했다.

성장했던 것이다. 미국이 일본을 강제로 개항시켜 재미를 보려다가[1853년 쿠로후네 사건] 남북전쟁이 터지는 바람에 어영부영 일본을 내버려둔 영향도 컸다. 덕분에 일본은 서양 열강에 비해 자신들의 국력이 한참 모자라다는 것을 잘 알고 있었고, 가만히 있다가는 결국 잡아먹힐 것이라는 절박함이 생겼다. 일단 만만한 나라를 공략해서 돈을 벌어놔야 살아남을 수 있을 것이라는 판단하에, 옆 나라 조선을 빨리 자기들 것으로 만들어야 한다는 의견이 나왔다[정한론征韓論].

지금 천하의 정세는 각국이 분쟁하고 대소 강약이 서로 병탄해, 갑甲이 일어나면 을乙이 쓰러져 성쇠盛衰가 엇갈리고 있다. …(일본은) 국력이 쇠잔하고 군비가 공허하고 인심이 게으르고 약해 황국皇國 독립의 기개가 없다. 이를 알면서 고식적으로 세월을 보낸다면 몇 년을 지나지 못해 죽어 넘어지고 뒤집혀 망해 다른 나라에 예속될 것은 분명하다. … 이때 우리 일본은 마땅히 그 틈을 타 중국·조선·만주로 건너가 이를 빼앗아 가져 이로써 구주 각국에 침입하는 기초를 세워야 한다.*

* 기리노 도시아키(桐野利秋), 「정한론」, 『서남기전』(西南記傳) 제1책 상

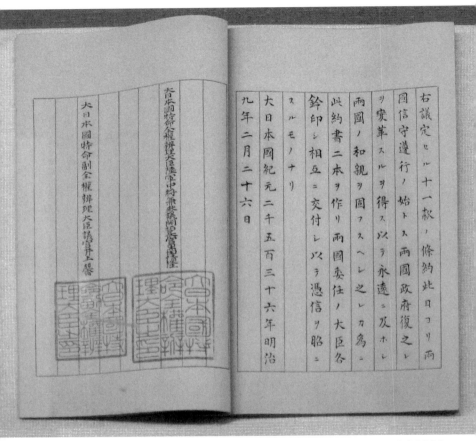

右議定セル十一款ノ條約此日ヨリ兩

國信守遵行ノ始トス兩國政府復之ヲ

ヲ寛革スルヲ得スシテ永遠ニ及ホシ

兩國ノ和親ヲ固フスヘシ之レカ為ニ

此約書二本ヲ作リ兩國委任ノ大臣各

鈴印シ相互ニ交付シ以テ憑信ヲ昭ニ

スルモノナリ

大日本國紀元二千五百三十六年明治

九年二月二十六日

大朝鮮國特命全權辨理大臣陸軍中將兼議官尹滋承

大日本國特命全權辨理大臣議官井上馨

조일수호조규(朝日修好條規)

강화도 조약(江華島條約), 한일수호 조약(韓日修好條約),
병자수호 조약(丙子修好條約) 등으로 부르기도 한다.
운요호 사건 이후 일본의 강압으로 맺어진 불평등 조약이다.
이후 조선의 개항이 시작된다.

이 때문에 일본의 메이지 유신 정권은 산업을 육성할 때부터 군사공업 부문에 가장 큰 중점을 두었다.* 그리고는 '조선을 지금 당장 정벌해야 한다' '아직 준비가 부족하다' 등을 두고 저울질 하던 중에 급하게 경제 정책들을 편 부작용으로 경제공황을 겪게 된다. 돈을 끌어모아 몇몇 부분에 집중 투자를 했지만 정부 주도 정책들이 대개 그렇듯이 성과가 금방 나오지 않았던 것이다.

1872년, 일본은 메이지 유신 후에 제1차 농업공황을 겪게 되어 큰 어려움에 빠졌다.**

공황이 닥치자, 당장 조선을 공략해서 위기를 넘겨야 한다는 목소리가 커졌다. 조선 개항 1년 전에는 일본이 망하기 직전이라는 이야기가 나오고 있었다.

1875년의 일본 경제는 바야흐로 금융핍박·재계불안·사회불안이 한꺼번에 닥쳤고… 이러한 상황에 쌀값은 하락해

권1, 黑龍會, 1908, 부록 제1장.
  * 이노우에 하루마루(井上晴丸),『일본 자본주의의 발전과 농업 및 농정』(日本資本主義の發展と農業及び農政), 中央公論社, 1957, 72쪽.
** 나카자와 벤지로(中澤辨次郎),『일본 미가 변동사』(日本米價變動史), 明文堂, 1933, 290쪽.

1석당 2엔대로 폭락함으로써 세금조차 낼 수 없어진 자가 적지 않았다.*

궁지에 몰린 일본은 이판사판 격으로 작은 군함 한 척을 보내 조선에 개항을 요구하러 갔는데, 생각보다 쉽게 조선이 무너져버렸다.1875년 운요호 사건. 불과 4년 전 신미양요 때 수백 명의 미국 해병대를 상대로 죽기를 각오하고 싸우던 조선군이 고작 30여 명의 일본군에게 제대로 맞서지도 않고 도망치는 추태를 보였던 것이다. 이렇게 된 원인을 단순히 조선 군인이 용기가 있었다가 없어졌다 따위로 이해할 수는 없다. 조선군의 약화는 중요한 경제적 흐름들을 상징하는 사건이므로, 차차 뒤에서 서술할 예정이다.

일본은 안도감과 자신감을 얻고 조선 정부를 압박한 끝에, 그다음 해인 1876년 강화도 조약을 맺어 조선을 강제로 개항시켰다. 이제 일본은 조선을 앞마당의 양분으로 삼아 자라날 수 있는 기회를 잡은 것이었다. 이렇게 이루어진 개항에 진정한 자유무역이 이루어질 것이라고 믿는 것은 너무나 순진한 생각일 것이다.

* 같은 곳.

2 과연 당백전이 원흉이었을까

    개항 전 가장 유명한 화폐 관련 사건은 흥선대원군의 당백전 주조일 것이다. 당시 조선의 집권층이 당백전 주조로 대표되는 여러 실책들을 저질러서 조선의 경제가 망가지고 끝내 일본에게 나라를 빼앗겼다는 관점도 흔하다. 즉 내부에서부터 알아서 무너져가고 있던 조선에 일본이 손쉽게 '진출'만 했다는 것이다. 그러나 당백전과 관련된 사건들을 자세히 들여다보면 조선의 망조는 일본에서 비롯된 것이었다.

    당시 경복궁은 1592년 임진왜란 때 파괴된 뒤 제대로 복구되지 못한 채 방치되어 있었고, 대원군은 이를 다시 짓기로 결

1864년	1868년	1876년	1882년
흥선대원군 집권 (고종 즉위)	일본 메이지 유신 (천황친정체제)	조선의 개항 (강화도 조약)	조선 임오군란 (군인들의 난)

심했다. 그러나 공사가 시작되고 첫 1년은 순조로웠지만 도중에 화재로 자재가 다 타버리는 사고가 나면서 공사비가 모자라게 되었다. 이때 화폐를 새로 만들어서 돈을 마련하자는 방안이 나왔다. 그 결과 발행된 화폐인 당백전當百錢은 기존 화폐인 상평통보常平通寶보다 100배의 가치가 있다는 뜻을 가진다. 즉, 고액권을 새로 찍어낸 것이다.

어떤 경제 체제라도 시중에 화폐가 너무 많으면 인플레이션inflation이 일어난다. 인플레이션이란 돈의 값어치가 줄어드는 현상으로, 화폐는 흔해졌지만 생산된 물건들은 그대로이므로 같은 물건을 살 때 돈을 더 많이 지불해야 한다. 이를 '물가가 올랐다'라고 표현한다. 당백전은 금화나 은화도 아닌 주제에 기존 화폐 가치의 100배를 내세웠지만, 그저 구리 조각에 불과했다. 이런 화폐에 가치를 부여하려면 나라에서 확실한 보장을 해줘야 한다. 가령 당백전을 가져오면 같은 값어치의 금으로 바꿔준다든지 하는 금태환 제도가 있어야 한다.

쌀을 100만 원어치 팔아서 받은 돈이 1만 원의 가치밖에 안되는 구리 조각이라면 나중엔 아무도 그 돈을 받지 않으려 할 것이다. 신용이 없는 화폐는 이런 결말을 맞기 때문에 1970년대까지 세계 각 나라들이 돈을 새로 발행할 때에는 그에 맞는

당백전

1866년(고종 3) 11월 흥선대원군이 극심한 재정난을 해결하고
경복궁을 다시 짓기 위한 자금을 마련하기 위해 만들었다. 앞면에는
'상평통보'(常平通寶)가 새겨져 있는데, 조선에서 쓰이는 모든 돈은
상평통보에 속해 있기 때문이다. 이 책에서는 혼란을 방지하기 위해
당백전 발행 전부터 쓰이던 동전인 '엽전'만 상평통보라고 칭할 것이다.
뒷면에는 '당'(當)과 '백'(百)이 새겨져 있다. 구멍이 네 곳에
뚫려 있거나 팔각으로 재가공된 것도 있고,
안료로 색을 칠한 것 등도 포함되어 있다.

양의 금을 중앙은행에 보관하기도 했다.

그러나 당백전의 발행은 처음부터 돈을 걷어들이기 위한 의도였으니, 당시 조정은 화폐의 가치를 보장할 생각조차 하지 않았다.

좌의정 김병학이 아뢰기를, 백성들의 생활은 어렵고 재정은 다 떨어졌는데 건축 공사를 크게 벌이고 있으므로 공사公私 간에 일을 더는 지탱해나갈 수 없게 되었습니다. …신의 생각으로는 당백대전當百大錢을 주조해, 널리 쓰이고 있는 통보通寶와 함께 사용한다면 재정을 늘리는 데 조금이나마 도움이 될 것 같습니다. …(왕이) 하교하기를, "진달進達한 것이 아주 좋다. 속히 시행하도록 하라" 했다.*

당백전을 발행함으로써 물가가 급격히 오르고 조정이 만드는 화폐에 대한 신용이 떨어졌으니, 조선 조정의 실책임은 분명하다. 그런데 당백전이 조선 경제를 박살내어 일본의 침략까지 허용한 주범이라고 한다면 굉장히 억울한 면이 있다. 당백전이 후손들에게 큰 인상을 남긴 것은 사실이지만, 일단 당

* 『고종실록』, 고종 3년(1866년) 10월 30일자 두 번째 기사.

시 조선 경제에서 화폐가 차지하는 비중은 그리 크지 않았다.

1860년경, 그러니까 경복궁을 짓기 시작할 무렵 조선에서는 세금의 25%만이 화폐로 납부되었다. 나머지 세금은 쌀이나 면포 같은 현물로 내는 실정이었고, 화폐의 양은 국내 총생산의 3% 수준이었다.* 그러니 아주 단순화하면 국내 총생산의 97%에 해당하는 거래는 쌀과 면포가 담당했다고 할 수 있다.

당백전 발행 당시에도 나랏님에게 속은 처음 몇몇 사람들은 손해를 보았지만, 다른 사람들은 하던 대로 쌀이나 면포를 이용하면 되었다. 당백전의 유통 또한 서울과 경기 지방 중심이어서 평안도 같은 곳에는 당백전이 아예 들어간 적도 없었으며, 당백전 발행 기간도 6개월을 넘지 않았다.

당백전을 회수한 뒤 조선에는 10년 정도의 안정기가 있었다. 실제로 조선의 화폐 경제가 망가진 것은 일본에 의해 개항당했기 때문이라는 직접적인 증언도 있다. 다음은 당시 일본인이 서술한 것이다.

당백전의 회수 후 10여 년간의 소강 상태를 얻었으나, 그 간에 일본과의 통상조약이 체결됨으로써, (조선이) 화폐를

---

* 국사편찬위원회, 『화폐와 경제활동의 이중주』, 두산동아, 2006, 12쪽.

관리하는 기강이 해이됨과 아울러 조선 국내 일반의 사정에 급격한 변혁이 일기 시작해, 투기하는 자들이 나타났으므로, 조선 돈의 혼란은 여기에서 시작되었다.*

당백전의 피해가 그리 오래가지 않았음을 암시하는 다른 서술도 보인다. 다음은 당백전 발행 이후 뒷수습에 대한 당시 기록이다.

물가가 크게 오르고, 쌀 1석에 44~55냥으로 올라서 목적이 전연 그릇되게 되었으므로, 1869년 부득이 이를 회수해 (조선의) 재계는 겨우 옛 모습을 회복했다.**

1869년이면 당백전 발행 3년 후이고, 옛 모습을 회복했다 했으니 어느 정도 경제가 안정을 찾은 듯 보인다. 1874년에 대원군이 정권을 내놓고 고종의 직접 정치가 시작되는데, 위의 '회복'으로부터도 5년이 지난 후의 사건이다.

많은 사람들이 착각하는 것 가운데 하나가, 대원군이 집권하고 여러 개혁을 실시하며 힘을 기른 후, 경복궁 재건축

---

* 오카 요이치(岡庸一), 『최신한국사정(最新韓國事情): 한국경제지침(韓國經濟指針)』, 高山堂, 1904, 314쪽.
** 같은 곳.

을 시작해 그동안 벌은 것을 낭비했다고 생각하는 것이다. 실제로 경복궁 재건축은 대원군이 정권을 잡고[1864년] 바로 다음 해[1865년]에 시작했다. 당시 조선의 지배층, 그러니까 세도가들이 경복궁 사업에 대해 긍정적으로 뒷받침하지 않았다면, 도저히 새내기 정권 혼자서 밀어붙일 수 있는 시점이 아니었다. 오히려 시중에 풀린 돈을 거두기 위한 지배층의 계책 같은 것이 아니었을까 싶을 정도로 빠르게 시작되었다.

경복궁을 중건하는 데는 2년이 걸렸다. 개항 시기는 그로부터도 9년이 지난 1876년이기 때문에 개항 시기에 시작된 조선의 위기를 경복궁 탓으로 돌리기에는 그 시간 간격이 상당하다. 2020년대의 대한민국 기준으로 대통령이 두 번 바뀔 정도의 세월인 것이다.

그러므로 당시 사람들은 대원군이 경복궁 등에 돈을 써버려서 위기가 왔다는 인식이 없었다. 오히려 대원군은 경복궁을 짓고 나서 알뜰히 돈을 모았는데, 고종과 왕비 민씨가 정권을 잡자마자 다 낭비했다는 평가가 나오고 있었다. 당시 소문들을 모은 책, 『매천야록』[梅泉野錄]의 다음 구절을 보자.

그리하여 운현[대원군]이 10년간 모은 것을 (임금과 중전이)

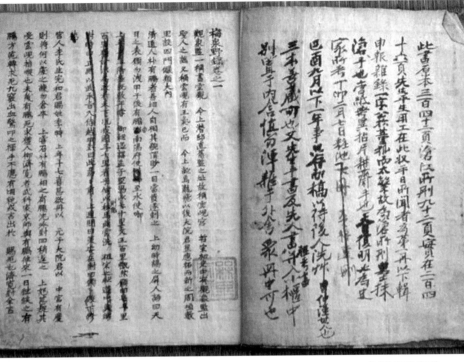

『매천야록』

ⓒ 한국학중앙연구원

조선 후기부터 대한제국기까지 생존한 문인 황현이
1864년부터 1910년까지 47년간의 역사를
편년체로 서술한 역사서다.

1년도 안되어 모두 탕진했다. 이때부터 벼슬을 팔고 과거科
擧시험을 파는 나쁜 정치가 잇달아 생겨났다.*

당백전의 주조를 실시했던 1866년부터 신미양요가 일어나
는 1871년까지 적어도 5년 이상 조선의 국방력은 제 기능을 하
고 있었다. 나폴레옹이 지적했다고 하듯이 군대는 '먹어야 진
격하는' 집단으로, 나라에 돈이 부족하면 그 여파가 반드시 나
타나는 곳이다. 1871년의 신미양요에서 무기의 질은 뒤질지언
정 조선군의 사기는 높았고 수백 명의 미군을 상대로 최선을
다해 싸우는 모습을 보여주었다. 전술적으로는 패배했지만 미
국이 조선군의 저항에 질려 '이런 비용을 감수하면서까지 조
선을 개항시킬 필요는 없다'는 결론을 내리게 했던 것이다.

그런데 1875년, 대원군이 물러난 지 1년 만에 일본의 운요
호가 불과 30명가량을 동원해 강화도에 도착했을 때 조선군
은 도망치기 바빴다. 보급이 끊어진 지 여러 달이었기 때문이
다. 군대에 대한 지원이 부실해졌음은 운요호가 도착하기 1년
전인 1874년의 기록에서도 확인된다.

* 황현(黃玹), 『매천야록』 제1권 上(1894년 이전) ④, '3. 고종, 민비의 遊
宴과 매관매직의 발단' 참조.

신헌申櫶이 장계狀啓를 올려 아뢰기를, 포대를 설치하는 공사를 지금 막 시작했으니, 비용으로 쓸 돈으로 3만 냥에 한 해 지급해주시고… 이에 삼군부三軍府에서 왕에게 아뢰기를, 포대의 설치를 시작하는 것은 긴급한 일로서, 공사를 시작하는 것은 장수가 반드시 소견이 있어서일 것이니, 해당 부대에서 잘 시행할 것입니다. 그러나 비용에 있어서는 서울 관아의 저축이 바닥났으니, 바로 보낼 수가 없습니다.[*]

당백전 발행 5년 후인 1871년까지는 어떤 형태로든 군대에 보급이 이루어지고 있었으나, 1874년 고종이 일선에 나설 즈음부터 보급에 문제가 생긴 것이다. 이 시점에서 갑자기 보급을 못하게 된 것이, 즉 나라에 돈이 없어진 것이 8년 전 단 6개월 동안 발행한 당백전 때문이라고 할 수 있을까?

고종이 정치를 시작하면서 당백전의 뒤를 이어 유통되던 청나라 동전, 즉 청전淸錢을 폐지했기 때문에 나라 재정이 한순간에 어려워졌다는 이야기도 있다. 청전이 문제가 많아서 어쩔 수 없이 폐지했더니 위기가 닥쳤다는 주장이다. 그러나 앞서 언급한 바와 같이, 당백전이 회수되고 청전이 유통되던

---

[*] 『고종실록』, 고종 11년(1874년) 3월 26일자 두 번째 기사.

시기에 '10여 년간의 소강 상태를 얻었다'라는 당시 일본인의 관찰이 나왔던 것을 기억하자.

애초에 조선 경제에서 화폐의 영향이 크지 않았기에, 청전 폐지 때문에 조선 경제가 한순간에 어려워졌다는 논리에는 고개를 갸웃하게 된다. 청전이 유통된 지 7년도 넘은 시점에 쌀이나 면포의 거래 비중이 97%인 경제에서, 청전을 폐지한다고 갑자기 군인들의 보급이 끊길 정도의 재정 위기가 올 수 있을까? 설령 청전의 폐지가 필요했고 그 여파로 재정이 어려워진 것이 사실이라 해도, 나라에 어느 정도 모아놓은 것이 있었다면 순식간에 몰락할 수는 없으니 다른 이유로 재정이 취약했었다는 이야기가 된다. 또 청전 폐지가 그렇게 큰 재정적 충격이라면 그 정도의 예측도 못할 정도로 고종 정권은 돈 문제에 아무 생각이 없었을까 하는 의문이 든다.* 차라리 『매천야록』에서 황현이 말한 것처럼, 고종 내외가 정권을 잡자마자 마구 써버려서 돈이 없었다는 단순한 평판이 더 설득력 있다.

오히려 이 시점에서 조선 정부의 재정이 나빠진 이유는 외

---

* 나중에 나오는 김윤식(金允植)의 전폐론(錢幣論) 등을 보면, 조선 관료들이 화폐 경제가 어떻게 돌아가는지 어느 정도 개념을 잡고 있었음을 알 수 있다.

부에서 찾아야 할 것이다. 앞으로 계속 다룰 것이지만, 조선 말기의 경제는 내부의 실책 때문에 저절로 망해간 것이 아니라 개항 이후 외국 상인들의 활동에 의해 먹혀버린 것이었다. 심지어 개항 전에도 외국 상인들의 무역 활동이 조선 경제에 상당한 충격을 주었다는 기록은 여러 곳에서 발견된다. 공식적인 개항 전이니 활동에 상당한 제약이 있었을 터인데, 그 정도만으로도 조선 경제에 타격이 있었던 것이다.

먼저 1866년, 개항이 이뤄지기 10년 전이자 대원군 집권 3년 차 시점에서의 『일성록』日省錄, 왕의 일기 기사를 살펴보자.

> 우리나라 천은 아름다워서 원래 다른 것을 구할 필요가 없다. 그런데도 서쪽으로는 연경燕京에 이르고 남쪽으로는 왜倭에 이르러 천을 수입을 하고 있다. 이밖에 신기한 장난감 같은 수입 상품들이란 모두 나라의 돈을 소모하고, 백성들의 판단력만 흐리게 하는 것들이다. 이런 서양 물건들이 거의 전국에 가득해, 이미 지각 있는 사람들의 걱정거리가 된 지 오래다.*

* 『일성록』, 고종 3년(1866년) 7월 30일.

신기한 장난감 같은 서양 상품이 많이 들어와서 걱정이 될 지경이라는 기록이다. 그 신기한 장난감들의 정체는, 황현의 『매천야록』에서 나온 다음 대목에서 짐작이 가능하다.

우리나라에 들어오는 외국 상품 열 가지 가운데 공산품이 아홉을 차지했는데, 외국으로 나가는 우리 상품은 열 가지 가운데 아홉 가지가 천연자원이니, 우리의 아둔함이 너무 심하다. 대개 우리나라에 들어오는 상품들은 비단·시계·칠기漆器같이 교묘하고 기이한 물건들이며, 다른 나라로 나가는 상품들은 모두 쌀·가죽·금·은과 같이 평소 생활에 필요한 보화들이다. 그러니 나라가 척박해지지 않을 수 있겠는가.*

외국 상인들은 비단·시계·칠기 같은 공산품이나 사치품을 팔아, 조선에서 쌀·가죽·금 등 생활 필수품이나 원료 위주로 사들였다는 것이다. 당시에 이런 식의 무역으로 경제가 어려워지고 끝내 열강에게 나라를 빼앗기는 모습은 세계적으로 흔한 광경이었다.

* 황현, 『매천야록』 제1권 上(1894년 이전) ⑧, '16. 외국물품의 수입' 참조.

서양 열강이 어떤 나라를 식민지로 만드는 제일 첫걸음은 항상 항구를 열어 무역을 하는 개항에서부터 시작했고, 경쟁력이 우수한 자국의 공산품을 내다 팔고 원료를 싸게 사들이며 그 나라 경제를 좀먹어가곤 했다. 일본 역시 조선을 개항시킨 후에 착실히 같은 단계를 밟아가고 있었다.

조선에서 가장 많이 유출된 원료는 밥, 즉 쌀이었다. 개항 1년 전인 1875년에는 풍년이었는데도 쌀이 부족하다는 기록이 나온다.

> 금년이 풍년이면서도 곡물이 귀한 것은 밀수업자들이 곡물로 외국 물건들을 사들이는 까닭이므로 무릇 외국 화물은 일절 사고팔지 못하게 하라.[*]

다음의 무역 통계 역시 같은 맥락을 확인해준다.

이 『한국지』韓國誌 ─ 꼬리아KOPEN라고도 불린다 ─ 라는 자료집은 러시아 제국 대장성大藏省, 경제부에 해당에서 조선에 대해 조사한 자료다. 여러 제국주의 열강 가운데 러시아 제국이 가장 체계가 잘 잡혔다고 평가하기는 어렵지만 그래도 이렇게

---

[*] 『승정원일기』(承政院日記), 고종 12년(1875년) 12월 2일.

<표-1> 조선의 대(對)일본 무역*

연도	수출		수입	
	금액(일본 엔)	규모(%)	금액(일본 엔)	규모(%)
1873	52,382	63.4	59,664	73.8
1874	55,935	67.7	57,522	70.7
1875	59,787	72.4	68,980	84.7
1876	82,572	100.0	81,374	100.0
1877. 7~1878. 6	119,538	144.8	228,554	305.4
1878. 7~1878. 12	154,707	187.4	142,618	175.3
1879	677,061	820.0	566,953	696.7
1880	1,373,671	1,663.6	978,013	1,201.9
1881	1,882,657	2,280.0	1,944,731	2,389.9
1882. 1~1882. 6	897,225	1,093.5	742,562	912.5

자세한 자료를 남길 줄 알았다는 점은 주목할 필요가 있다. 침략을 하든 경영을 하든 간에, 세계 무대에서 무엇을 해보려면 이 정도의 정보 수집은 기본으로 해야 한다. 덕분에 후대의 연구자들은 일본에서 만든 자료들뿐 아니라 여러 나라에서 작성한 자료들을 서로 대조해볼 수 있게 되었다. 1900년 러시아에서 『한국지』가 출판되자마자 일본은 이를 재빨리 번역해 조

* 러시아 제국 대장성, 『한국지』, 1905, 110~113쪽.

선 공략에 활용했다고 한다.*

〈표-1〉에서는 1876년 강화도 조약 당시 수치를 기준값 100으로 잡아 연간 수출과 수입의 양을 나타냈는데, 여기서 주목해야 하는 부분은 개항 전 3년간¹⁸⁷³~⁷⁵의 숫자다. 개항이 되지 않아 무역이 자유롭지 못했는데도 1876년 개항 대비 수출은 60% 이상, 수입은 70% 이상의 규모로 매년 이루어지고 있었다.

개항 전의 이런 국제 거래들을 모두 불법 무역, 즉 밀무역密貿易이라고 볼 수는 없다. 개항 전에도 왜관倭館처럼 국가가 지정한 곳에서 외국 상인들과 거래하는 시장이 열리곤 했다는 기록이 있기 때문이다. 그러나 이런 곳에서 이루어지는 거래는 조선 조정이 파악할 수 있었고 그 규모도 크지 않았다. 그 밖의 대부분은 밀무역으로서, 대놓고 이루어지는데도 통제가 안 되는 상황이었다. 밀무역을 하는 청나라와 일본이 '민간에서 외화벌이한다'며 자국 상인들을 부추기곤 했으니 조선 정

---

* 일본어 정식판은 1905년에 나왔는데, 1900년 러시아에서 출간되자마자 일본 정부에서 초벌 번역을 했다는 기록도 있다(「1900년 제정 러시아에서 발간한 『한국지』를 우리말로 번역」, 『중앙일보』, 1980. 7. 11). 한국어판은 1984년 한국정신문화연구원(현 한국학중앙연구원)에서 번역한 것이 있다.

부 혼자서 막아내기는 쉽지 않았다.

조선 정부가 엄히 금하고 있음에도 불구하고, 밀무역은 성행되고, 매년 청나라의 정크선이 연해를 감시하는 관리의 눈을 피해 조선 근해에 오는 숫자가 20~34척에 이른다. 그 밀무역자는 감시가 미치지 못한 곳을 찾아서 태연히 널리 거래를 하며, 조정 관리가 가끔 밀무역에 참여해 이득을 얻는 경우도 있었다.*

조선은 손해보는 거래를 수년째 이어오고 있는데다가 개항을 맞아 외국 상인들의 고삐마저 풀려버렸으니, 조선에 돈이 마르는 것은 당연한 결과였다. 개항 3년 만에 나라 창고가 비어 급료로 줄 쌀이 없다는 지적이 나온 배경이다.

요즘 나라의 창고가 비어가는 지경에 이르러 관리들의 급여를 주기 어려우며, 병사들의 급여도 밀린 바 많고, 기술자나 일꾼들의 품삯도 주지 못할 지경이니, 황급한 상황으로서 얼마 버티지 못할 것 같다. 이때 해결 방법은 오직 사치를 억제하고 물자를 절약해 기강을 세우는 데 있다. 그 가

* 러시아 제국 대장성, 앞의 책, 107쪽.

운데서도 중국·일본·서양으로부터 신기하기만 하고 쓸데 없는 물건들을 수입하면서 돈을 너무 쓰고 있어, 사치하는 것보다 더 큰 손해가 나고 있다.*

이렇듯 개항 즈음 조선은 무역으로 인해 많은 손실을 보고 있었다. 그런데 이것이 전부가 아니었다. '무역에서 손해를 너무 많이 보면 나라 살림살이가 어려워진다' 정도의 기초적인 이야기로는 개항기 조선 경제의 위기를 다 설명할 수 없다. 외국 상인들의 활동은 조선의 경제 구조 자체를 망가뜨렸던 것이다. 당백전 6개월 따위가 아닌, 오랜 기간에 걸쳐 훨씬 묵직하게 이루어진, 화폐를 통한 침략이 있었다.

*『승정원일기』, 고종 16년(1879년) 1월 24일.

3 돈으로 무너지는 조선

조선이 말기까지 화폐를 많이 사용하지 않은 이유는, 화폐의 재료가 될 만한 금속이 부족했기 때문이다. 은이나 구리가 흔하지 않아 일본 등지에서 근근이 수입해야 하는 상황에, 경제를 활성화해보겠다며 대량의 동전을 만든다는 것은 굉장한 낭비이자 위험한 도박이 될 수 있었다. 구리는 무기 등 다른 쓰임새가 많은 금속이었기 때문이다.

옥당이 건의하기를, 전화錢貨를 통행시키는 것이야말로 재화를 넉넉하게 하기 위한 방도이니, 만일 사방에 잘 유포해 온 나라가 힘입을 수 있게끔 한다면 어찌 이 백성들의 큰 행복이 아닐 수 있겠습니까. 하지만 우리나라는 본디 구리銅가 나는 산이 없어서 오로지 해외의 공봉貢奉에만 의존하고 있으니, 돈을 주조해 통행시키는 것이 진실로 쉽지 않습니

다. 기필코 통행시키려고 한다면 반드시 돈을 일단 많이 주
조한 다음 점진적으로 유통시킴으로써….*

조선은 거래에만 쓸 수 있는 화폐의 양이 늘 부족했기에 어
느 정도 일정한 가치를 유지하는 쌀과 면포가 화폐로 대신 기
능하는 형태였다. 그런데 조선 말기에 외국 상인들이 밀무역
을 해대고 연달아 강제 개항까지 이루어지면서 쌀과 면포의
입지가 크게 흔들리게 된다.

뒤에서 더 서술하겠지만, 쌀은 조선에서 일본 상인들이 가
장 눈독을 들인 상품으로서, 이들이 무차별적으로 조선 밖으
로 유출시키는 바람에 더 이상 화폐로 쓰기 어려워졌다. 먹을
쌀도 부족한 상황에 그걸 화폐로까지 쓸 만할 리가 없었다.

여기에 해외에서 들여온 면 제품 때문에 면포의 가격 또한
폭락했다. 외국산 사치품에 돈을 헛되이 쓴다고 경계하는 말
이 많았지만, 조선 사람들이 사치하느라고 돈이 없어진 것은
아니었다. 실제로는 개항 직후 조선 수입품의 85.1%가 직물·
옷·염료 등 일종의 필수 공산품이었다. 개항기 조선의 수입품
내역은 다음 〈표-2〉와 같다.

* 『효종실록』, 효종 4년(1653년) 3월 4일.

품목	금액(일본 엔)	비중(%)
직물·옷·염료	3,918,149	85.1
금속 및 구리제품	367,767	8.0
식료품	45,447	1.0
기타 물품	272,074	5.9
합계	4,603,437	100.0

외국산 공산품들은 공장에서 대량 생산된 것들이라 저렴하고 품질이 좋았다. 수공업 위주의 조선 제품은 도저히 상대가 되지 않았으니, 조선 사람들조차 점차 외국산을 사게 되었다. 이 현상을 두고 당시 조선 사람들이 애국심이 없었다고 비난할 수는 없다. 예를 들어 더 좋은 외제 농기구를 사다가 더 많은 쌀을 생산하면 나라에 보탬이 될 수도 있는 것이다. 가격이 같을 때 더 좋은 제품을 선택하는 것은 경제활동의 기본인데, 애국심만으로 극복하기에는 품질과 가격 차이가 너무 컸다. 열강이 식민지로 점찍은 나라들에게 개항부터 요구한 것은 이런 과정을 미리 내다보았기 때문이다.

처음엔 품질에서 월등한 영국산 면직물이 조선 시장을 장

* 러시아 제국 대장성, 『한국지』, 1905, 115쪽.

악하다가, 가까운 거리를 무기로 저가 공세를 편 일본제 면직물이 대세가 되었다.* 영국이나 일본의 면직물은 품질과 가격 등 모든 면에서 베틀에서 만든 조선산 면포에 비해 우월했다. 결국 조선 면포를 찾는 사람은 차츰 사라졌고, 더 이상 가치도 없는 면포를 화폐로 쓸 수는 없었다. 이런 수입산 물품들 때문에 조선의 공업은 어떤 발전을 시도해볼 틈도 없이 개항과 더불어 전멸해버린다. 산업들이 통째로 날아가는데 나라 경제가 멀쩡할 리 없었다. 더구나 화폐의 역할까지 해주던 주요 산업들이 무너져가는 상황이었다.

1890년에는 조선의 면 생산이 크게 늘어 일본에 대한 수출액이 2만 7,541달러에 달했었다. 그러던 것이 1897년에는 아주 단절되어버렸다. 외국의 면제품이 속속 수입됨으로써 조선의 면 경작이 쇠퇴한 까닭이다.**

조선의 면포 생산이 줄자 면화를 재배해도 팔 곳이 없어져서, 조선의 면화 재배 역시 원료 수출로 몇 년 반짝하다가 아

---

* "일본 제품의 성공은, 사람들의 말에 의하면 그 품질은 영국 맨체스터(Manchester)제에 떨어지지만 가격이 싸서 이긴 것이다"(러시아 제국 대장성, 앞의 책, 157쪽).
** 같은 책, 148쪽.

예 끊겨버렸다는 기록이다.

이렇게 외국과의 거래로 화폐 대체품들에 문제가 생기자, 오히려 조선 경제에서 화폐가 차지하는 역할이 커졌다. 어떻게든 거래는 할 수 있어야 경제가 돌아가는데, 돈으로 삼을 만한 것들이 마땅치 않았던 것이다. 그 틈새를 일본 엔화가 치고 들어왔다. 조선과 일본이 처음 개항 조약을 맺을 당시, 일본은 자국의 화폐를 조선에서 쓸 수 있게 허용하는 조항을 넣었다.

일본 국민은 본국에서 현행되는 모든 화폐로 조선 국민이 소유하고 있는 물화와 교환할 수 있으며, 조선 국민은 그 교환된 일본국 모든 화폐를 써서 일본국 소산의 모든 물화를 구입할 수 있다. 그럼으로써 조선국이 지정한 모든 항구에 있어서 각 국민들은 서로 화폐를 통용할 수 있다.*

이 조항은 일본 정부가 부록의 형태로 강화도 조약에 구태여 집어넣은 것이다. 자국의 엔화가 월등한 힘을 가지고 있음을 알았기에, 이로써 조선 경제를 좌우하기 쉬울 것이라 계산했을 것이다.

*『증보문헌비고』(增補文獻備考), 1908, 179쪽.

조선에서 엔화가 자유롭게 쓰일 수 있으니 일본인들은 엔화로 조선의 물건을 얼마든지 구입할 수 있었다. 단순화한다면, 일본이 필요한 만큼 엔화를 찍어내서 조선 물건을 가져가도 된다는 말이다. 실제로 일본 정부는 엔화를 주고 금을 받아가려는 계획을 세우기도 했다.

강화도 조약을 체결한 후에… 일본 정부는 일본의 통화를 조선에 유통시켜서 조선의 금을 매수하려는 기도를 갖고 있었다.*

실제로 일본인들이 조선에서 곡물이나 원료 등을 엔화로 대량 매입한 결과, 조선의 많은 물건들의 가격이 일본에서의 (비싼) 가격과 비슷하게 올랐다. 일본의 화폐 경제에 조선 경제가 매여버린 셈이 되었다.

조선에 있어서 모든 물가는 개항 이래로 가까운 외국 시장의 그것과 비슷하게 되는 경향이 있는데, 그것은 생활필수품의 가격이 크게 오르는 결과를 가져오고, 특히 식량 가

---

* 유자후(柳子厚), 『조선화폐고』(朝鮮貨幣考), 학예사(學藝社), 1940, 666쪽.

격의 폭등을 가져왔다.*

여기에 추가해서 일본인들의 조선 돈 투기가 있었다. 군대를 끌고 와서 개항시킨 데에서부터 드러나듯이, 일본인들은 조선의 법을 지킬 생각이 전혀 없었고 조정에 압력을 가해 자기들 입맛대로 규정을 고치려 들었다. 그런 일본인들에게 조선의 돈이란, 이로운 부분만 골라서 취할 수 있는 기묘한 '상품'이었다.

조선 돈은 조선의 법으로 보호받고 조선에서 물건을 살 수 있으며 조선 조정과 거래할 때에도 쓸 수 있다. 일본인들은 조선 돈이 어느 정도 가치 있을 때에는 그것으로 쌀 같은 물건을 사서 일본에 팔아 이익을 냈다. 반면 조선 경제가 엉망이 되어서 화폐 가치가 떨어진다 싶을 때에는 구리로 취급해서 녹여 팔았다. 그들에게 조선 돈 투기는 위험은 적고 수익은 많이 나는 돈벌이 판이었다.

엽전상평통보은 조선의 법적 화폐로서 조선 정부가 지정한 일정 가격을 갖는 동시에, 그 유통 지방에 따라 특종의 수

* G.N. Curzon, *Problems of the Far East*, 1894, pp.187~189. 한국어판은 『100년 전의 여행 100년 후의 교훈』, 라종일 옮김, 비봉출판사, 1996.

요·공급에 의해 일본 화폐에 대비한 환율이 오르고 내리는데, 반드시 동전이 포함하는 구리 가격과 일치하지 않는다. 그러므로 엽전의 환율이 변해, 구리 가격이 엽전보다 더 높다면, 기민한 일본 상인은 즉시 이를 일본에 수출해 각종 구리 제품의 원료로써 판매한다.*

어느 나라건 간에 자국 화폐를 마음대로 훼손하는 일은 처벌 대상이지만, 일본 정부의 힘을 등에 업은 일본 상인들은 필요에 따라 조선 법을 가볍게 무시했다. 만약 조선이 일본에 대응해 어떤 조치를 취하면, 일본 상인들은 일본 정부에 달려가서 조선에 압력을 넣으라고 매달렸고, 그다음은 일본 정부가 군대를 동원해서 조선 정부를 위협하는 것이 순서였다. 이 때문에 일본인에게 조선 돈은 돈이라기보다는 활용도가 다양한 구리 조각이었다.

개항기의 조선과 같이 정부의 재정상 신용이 전무한 나라에 있어서, 그 화폐가 엄정한 감독을 받지도 않는다면, 이런 나라에서는 화폐라고 부르는 것이라도, 결국은 일종의

---

* 제일은행(第一銀行), 『한국화폐정리보고서』, 1909, 135쪽.

상품으로서 실제 가치에 따라서 평가될 수밖에 없다.*

더구나 일본인들은 언제 조선 조정이 화폐를 발행할지 미리 알고 있었다. 일본 정부가 조선 조정을 감시하고 있었으며, 동전의 재료가 되는 구리가 거의 일본에서 수입되었기 때문이다. 이런 '고급 정보'는 당연히 일본인에게만 주어졌고, 환율 시장에서 일본인들의 이익과 조선인들의 손해로 이어졌다. 다음은 일본의 제일은행 대표가 조선 지점에 보낸 편지다.

이제 조선에서 새로 3종의 화폐를 발행했으므로 물품의 시세가 크게 변동할 것이라 예상. 당장 조선 돈 1전의 시세가 엔화의 30할이었다가 24할까지 인하된 것은 그 증거다. 가격은 더욱 내려갈 것이 틀림없다.**

일본인도 이를 스스로 인정했다.***

* 시카타 히로시(四方博), 「조선 근대자본주의의 성립과정」, 『조선사회경제사연구』(朝鮮社會經濟史硏究), 경성제대 법문학회 편찬, 1933, 47~48쪽.
** 츠치야 타카오(土屋喬雄), 『시부사와 에이이치 전기 자료』(澁澤榮一傳記資料) 16권, 龍門社, 1957, 24쪽(1883년 8월 8일자 편지). 시부사와 에이이치는 일본의 기업가로서, 제일은행장을 역임하는 등 당시 일본 경제계를 대표하는 인물이었다. '일본 자본주의의 최고 지도자'라는 평가를 받았으며, 일본이 조선에 실시한 경제 정책들에 깊이 관여했다.
*** 오카 요이치, 『최신한국사정: 한국경제지침』, 1904, 387쪽.

거류지 인민^{일본인}은 조선인보다 시장의 변동을 미리
안다.

그들은 환율 정보를 응용한 수법도 설명하고 있다.

조선 돈 시세가 내려가리라고 예상될 때는, 우선 조선 돈
어음을 발행해놓은 다음에 나중에 조선 돈이 싸지면 조선
돈을 사서 어음을 지불한다.

어음은 나중에 갚는다는 조건으로 쓰는 3개월 정도의 단기
대출이다. 요즈음에도 해외 여행을 가서 신용카드를 쓰면 비
슷한 경험을 할 수 있다. 카드 결제는 그 나라 화폐로 즉시 기
록되지만, 지불 금액 환전은 약간 시간을 두고 나중에 이루어
지기 때문이다. 조선의 돈 가격이 내려갈 것이라는 정보가 있
으면, 일단 조선 돈으로 마치 '신용카드'를 쓰듯이 어음을 발
행해서 쌀이나 금 등의 물건을 사고 나중에 조선 돈의 가치가
떨어졌을 때 갚으면 유리하다는 이야기다.

정보를 이용한 거래 외에도, 화폐 시장이 발달되지 못했다
는 점을 이용해서 시세를 조작하기도 했다.

조선의 돈에는 소위 화폐의 탄력이란 것이 없어서… 지

방에 따라서도 그것의 일시적인 부족이나 과다가 일어난다.
…그러므로 지방에는 혹 유력자가 있어서 조선 돈을 매점
할 때에는 교묘히 시가를 조종함으로써 이런 소수의 사람
이 폭리를 취하기에 어렵지 않다.*

이런 시세 조작은 시장이 작고 돈의 흐름이 느릴 경우 얼마
든지 가능하다. 인터넷으로 거래하는 2020년대에도 거래량이
얼마 안되는 주식은 소위 '작전 세력'이 들어가서 시세를 주
무를 수 있는데, 조선의 작은 고을에서 화폐의 시세를 조작하
는 정도는 일본 상인들에게 너무나 쉬우면서도 이익이 많이
나는 일이었다.

여기에 더해 일본인들은 조선 돈을 아예 만들어서 쓰기도
했다. 즉 가짜로 만든 돈인데, 당시 일본의 공업력으로 조선의
상평통보를 위조하는 것쯤은 일도 아니었다.** 위조한 동전으
로 조선에서 쌀과 금 등을 사다가 일본에 팔 수 있었으니, 이
렇게 남는 장사가 따로 없었다. 구리보다 상평통보가 비싸지
면, 상평통보를 '자체 제작'해서 조선에서 쓸 만한 물건을 가

---

* 오카 요이치, 앞의 책, 314쪽.
** 사실 조선 내에서도 민영준(閔泳駿)처럼 자신의 지위를 이용해 마음대
로 주조하는 자들이 있었을 정도로 위조가 어렵지 않았다.

져오고, 그 반대면 다시 구리로 녹이면 되었다.

개항 직후의 사태로 일본 화폐를 기준으로 하는 소위 조
선 돈 거래라는 기만적 화폐 조작을 통해 일본 상인은 조선
산 쌀·콩·소가죽 또는 금까지 싼값에 구입할 수 있었다. 조
선 쌀을 1석에 40전 내지 45전이라는 싼 가격에 구입해 그
것을 일본 오사카 시장에서 6~8엔$^{300~400전}$으로 파는 일과
같은 장사를 가능케 한 비밀은 여기에 있다고 할 것이다.*

이런 식으로 위조된 동전은 조선 경제를 뒤흔들 정도의 양
이었다.

위조화폐의 발행이 늘어나 조선의 화폐시장은 크게 교란
되었다.**

조선 경제가 엔화의 유통과 상평통보 위조 등으로 엉망이
되어가자, 나중에 조정은 새로운 화폐를 만들어 새롭게 출발
해보려 했다. 대표적인 예가 1892년에 발행한 백동화^{白銅貨}다.

* 강덕상(姜德相), 「이씨 조선 개항 직후의 조일 무역 전개」(李氏朝鮮開港
直後に於ける朝日貿易の展開), 『역사학 연구』 제266호, 1962.
** 시카타 히로시, 앞의 책, 67쪽.

이 백동화는 상평통보에 비할 수 없이 정교했기 때문에 위조하기가 쉽지 않았다. 그러나 정작 백동화 만드는 기술이 일본에서 들여온 것이어서, 일본인들은 위조가 가능하다는 어처구니없는 현실이 벌어졌다. 일본에서 백동화를 불법으로 만들어 조선에 밀수입시키는 일이 흔히 일어났다. 구리 조각을 만들어서 조선에만 가져오면 가치가 몇 배 올라버리니, 거의 모든 일본 상인들이 위조에 뛰어들어 한몫을 잡으려 했다.

요즘 오사카 지방의 금속 회사들 가운데 백동화를 만들어 완제품으로서 1개에 1전 5리 내지 2전의 가격으로 대거 밀수입을 시도하는 자가 있으며, 이제 인천과 그밖에 각지 일본 상인은 거의 이 일에 관여치 않는 자가 없는 형편이다.[*]

백동화에 대해서는 뒤에서 자세히 서술할 것이다. 적어도 백동화는 상평통보에 비해 위조가 어려워 위조할 수 있는 경로가 뻔했기 때문에 이렇게 기록이라도 남은 것일 뿐, 대장간에서도 만들 수 있는 수준의 상평통보 위조량은 더 많았을 것

[*] 도쿄은행집회소(東京銀行集會所), 『은행통신록』(銀行通信錄), 1902년 6월호, 제34권, 205쪽.

이다. 따라서 위조 화폐는 개항 전부터도 조선 경제를 무너뜨리고 있었을 개연성이 크다.

이런 식으로 위조, 환투기, 일본 화폐 도입이라는 충격이 계속된 결과, 조선에는 급격한 인플레이션이 일어났다. 1876년 개항 이후, 3년 만에 나라에서 급료를 제대로 주지 못할 지경에 이르렀고,* 4년 만에 이미 조선 조정에서 물가가 너무 올라 다 같이 망할 것이라는 비명이 나오기 시작했다.**

또 다른 일본 역사가 역시 외국과의 무역이 조선 경제의 가장 큰 문제였다고 지적한다.

> 대원군의 집권 시대에는 그런 일이 없었다. 아마 쌀을 속일 필요도 없었을 것이다. 그런데 개항 이후는 사정이 달라졌다. 그것은 일본과의 무역이 왕성해졌기 때문이다.***

야마베 겐타로山邊健太郎는 이런 경제 문제가 어떻게 군인들의 반란1882년 임오군란으로 이어졌는지도 기술했다.

---

* 『승정원일기』, 고종 16년(1879년) 1월 24일.
** 『승정원일기』, 고종 17년(1880년) 7월 21일.
*** 야마베 겐타로, 『일본의 한국 병합』(日本の韓國倂合), 岩波新書, 1966, 49쪽.

일본이 인천 개항의 교섭을 조선 정부와 더불어 시작할 때 조선의 정부가 개항에 반대한 것도 인천을 개항하면 첫째로 유출될 것이 곡물이고, 그 때문에 곡물 가격이 폭등해 백성들의 폭동이 일어날 우려가 있기 때문이다. 임오군란이 단순한 군란으로부터 반일폭동으로 전개된 것은 이러한 사회적 배경이 있었다는 것을 잊을 수 없다.*

당시 조선 군인들도 나라 살림살이가 어려워진 이유를 어렴풋이 이해하고 있었던 것 같다. 야마베의 말대로 조선 군인들이 조정의 탐관오리들뿐만 아니라 일본 공사관까지 습격했던 것이다. 물론 특별 대우를 받던 신식 군대인 '별기군'을 훈련시키던 사람이 일본인 교관이라는 점도 이유였다.

군인들은 대원군을 다시 불러들여 조선을 개항 전처럼 되돌려놓을 것을 희망했지만, 조선에서 이익이 많이 남는 장사를 하고 있던 일본과 청나라는 이런 조선 사람들의 바람을 순순히 따를 생각이 없었다. 청나라 군대는 임오군란 한 달 만에 대원군을 납치해버리고, 조선의 조정은 청과 일본의 눈치를 양쪽으로 보는 신세가 되어 외국 상인들의 활동에 손 놓고 당

* 같은 책, 50쪽.

하게 된다.

이 당시 외국 상인들의 '사업 활동'은 조선 경제를 무너뜨렸다. 조선 돈은 위조나 투기로 엉망이 되어갔고, 조선의 중요한 생산품들은 해외로 빼돌려져 팔리는 상황이었다. 돈의 가치는 나날이 떨어지고 물건은 점점 귀해졌으니, 조선의 물가가 쉬지 않고 올랐다.

『한성순보』漢城旬報에 따르면 1883년과 1886년 3년 동안 쌀값이 4배가 올랐다는 기록이 있으며, 1890년에서 1892년 사이에 쌀 1석에 120냥 하던 것이 350냥으로 3배가 뛰었다는 영국 측의 기록도 있다.* 이 둘만 계산해도 임오군란 이후에도 물가가 4배×3배＝12배 이상 오른 셈이다. 먹지 않으면 죽을 수밖에 없는 쌀값 기준이다. 더군다나 1890년과 1891년은 조선에 대풍년이 들어 쌀 생산량이 크게 늘었는데도 저 지경이었다. 조선인들에게는 밥 먹는 것조차 사치가 되어가고 있었다.

결국 외국 상인들의 침략 때문에 개항기의 조선 경제는 극심한 피해를 입었고, 초超인플레이션이 수년간 일어났던 것이

* *British Consular Reports*, Foreign Office, Annual Series, 1894, No. 1088.

다. 외국 상인들이 위조, 환투기 등을 통해 일으킨 초인플레이션의 규모는 대원군의 당백전 6개월 따위에 비할 바가 아니었다. 그러나 이 부분을 역사 교과서 등에서 제대로 짚어주지 않아 대개의 한국인들이 잘 모르고 넘어가며, '무능한' 대원군과 조정이 나라 경제를 망친 원흉이라고 종종 비난하곤 하니, 당시에 한참 조선에서 재미 보며 장사하던 외국 상인들이 이를 알게 된다면 어떤 표정을 지을지 궁금할 따름이다.

4 쌀을 내놓아라

1876년 강화도 조약으로 인해 일본은 처음으로 해외에 개항지라는 것을 갖게 되었다. 이제 조선을 공략해 최대한의 이익을 짜낼 차례였다. 일본이 보기에 조선에서 가장 쓸 만한 것은 쌀이었다. 조선에서도 전통적으로 제일 힘쓰던 산업이라 생산량이 상당했고 일본은 인구 증가로 식량이 모자라던 참이었으므로, 쌀을 조선에서 가져다가 일본에 풀면 이익이었다.

이 '쌀 가져가기 사업'은 일본 정부가 나서서 주도하지 않아도 거침없이 진행되었다. 발전된 경제와 인구 증가 탓에 일본의 쌀 가격이 조선에서보다 훨씬 높았기 때문이다. 일본의 민간 업자들이 척 봐도 조선 쌀을 가져다가 일본에 팔면 큰 이득을 본다는 것을 알 수 있었다. 일본 정부가 이런 민간 업자들의 활동을 조선이 '방해'하지 않도록 군대 등의 무력을 동원하거나 조선 정부와 무역 조약을 맺어 지원하기만 해도 다행이었다. 실상은 일본 정부고 민간이고 할 것 없이 앞다투어 조선에 들어가 쌀 장사를 하느라 정신이 없었다.

조선과 일본의 쌀 가격 차이에 대한 예를 들자면, 개항 직후에 조선 쌀 1석을 40~45전에 사서 그것을 일본 오사카 시장에서 6~8엔에 팔았다는 기록이 있다.* 1892년 기록에 의하면 일본 돈 1엔이 조선 은화 5냥에 해당하고 1냥은 10전이니, 40~45전에 쌀을 사서 7배가 넘는 300~400전에 팔 수 있었다는 이야기다.** 운송비 등등을 감안해도 이렇게 많이 남는 돈벌이 기회에 뛰어들지 않을 일본 상인은 없었다.

나중에 더 다루겠지만, 당시 제국주의 일본은 자국민들에게도 별로 친절한 나라가 아니었다. 권력을 가진 일부 정치인·재벌·고위 군인 등에게 모든 것이 집중되는 구조였고, 대부분의 일반 국민들은 열심히 일해 권력자들을 먹여살리는 역할이었다. 이러한 일본 제국에게 자국민도 아닌 조선 사람 따위야 굶든 말든 알 바 아니었으니, 일본은 거침없이 쌀을 빼돌렸고 조

* 강덕상, 「이씨 조선 개항 직후의 조일 무역 전개」, 『역사학 연구』 제266호, 1962.
** 유자후, 『조선화폐고』, 1940, 553쪽.

선 사람들은 쌀을 팔아서 돈을 벌기는커녕 자기 먹을 것도 없었다.

일본인들이 쌀을 제값 주고 사들였다면 어느 정도 조선 경제에 기여할 수도 있었겠지만, 대부분의 거래는 매매의 형식을 갖춘 강제 약탈에 가까웠다. 일본 상인들은 조선의 가정집을 일일이 찾아다니며 쌀이나 소가죽처럼 돈이 될 만한 원료는 가져가고 그 대신 일본에서 싸게 구할 수 있는 면직물 등을 주는 식으로 거래했다. 반강제로 이루어지는 이런 거래에 일본 상인의 방문을 받은 집은 원하지 않는 물건만 조금 남고 쌀은 다 빼앗기다시피 하는 결과를 맞이했다.

그 예로, 일본 총영사가 원산항元山港에서 장사하는 자국 상인들에게 체계가 잡힐 때까지 '당분간만' 이런 강매 행위를 참아달라고 부탁한 기록이 있다.

근래 거류민일본인 가운데 화물을 원산리元山里에 가지고 가서 매매하고 있는 자 있고, 조선인의 집에까지 들어감으로써 흔히 갈등을 일으키고 있음… 일본 정부에서 곧 이런 장사에도 지장이 없게 조치할 것이므로, 지금 사소한 물품을 팔려다가 문제를 일으켜 다른 일본 상인들의 장사에 방해가 되면 매우 좋지 않으니, 추후 공지가 있을 때까지 물품을 원산리에 반출해 매매하지 않도록.*

체계가 잡힌 후에는 참거나 할 것도 없었다. 약 반 년 후, 같은 일본 영사가 일본 상인들에게 문서를 보내 쌀을 빼앗기지 않으려고 반항하는 조선인들을 어떻게 제압해야 하는지 설명한다.

곡물 매매는 원래 조선 사람들이 혐오하는 것으로서, 먹을 목적으로 필요한 양 이상으로 일시에 곡물을 모조리 사버리는 일은 좋지 않은 문제를 만들 것이다. 따라서 시장이 열리는 날에 일본 경찰을 수 명 파견했으니, 만약 조선인이 쌀 팔기를 거부하거나 난동을 부리거든 직접 대응하지 말고, 조용히 상대방을 붙잡아서 순찰 경관에게 인도하라.**

일본 영사가 이런 훈령을 내린 시점은 1882년이다. 개항으로부터 불과 6년 만이었다. 일본은 조선 땅에서 거리낌 없이 경찰력을 이용해서 이득을 취할 수 있었음을 알 수 있다. 조선

* 다카오 신에몬(高尾新右衛門), 『원산 발달사』(元山發達史), 啓文社, 1916, 30쪽(1882년 7월 23일).
** 같은 책, 19쪽(1882년 12월 17일, 총영사 지시문).

인들이 쌀을 제값 받고 팔고 있었다면, 거부하거나 '난동'을 부린다는 이유로 조선 땅에서 일본 경찰에게 잡혀갈 이유가 있었을까?

개항 전부터 일본이 부산항에 군대를 주둔시켜 운용했다는 보고도 있으니, 당시 조선인들에게 일본 상인들이란 언제든지 무력을 휘두를 수 있는 자들이었다.

개항 전 일찍이 일본인은 부산에 300~400명의 위수병을 상시 배치하고, 상인도 거기에 거주했던 것이나, 일본인은 국내 주민과 상업 관계를 갖도록 허가되지 않고, 다만 매월 2~3회씩 토지의 주민과 일정한 상거래를 영위할 수 있을 뿐이었다.*

일본 측의 기록으로도 이런 일본 상인들의 활동이 조선 측에 도움이 되지 않았음이 나타난다.

소위 자유경쟁의 사회가 아니고 일본인 소수의 독점 상업시대이므로, 조선의 수출품 가격도 그 소수자의 평가에 의해 정해지고, 조선인은 그들이 말하는 대로 따르는 형편

* 러시아 제국 대장성, 『한국지』, 1905, 110쪽.

이므로, 조선 돈 가격과 같은 것도 자유로 좌우하는 편리함이 있었다.*

자유경쟁 사회가 아닌 '독점 상업시대'라고 분명히 밝히고 있으며, 일본인이 심지어 조선 돈 가격까지 정할 수 있기 때문에 '편리하다'고 적고 있다.

자유경쟁이 되려면 비슷한 조건에서 많은 사람들이 경쟁하며 거래해야 하는데, 일본 상인들은 자국 경찰과 군인의 힘을 십분 이용하며 강탈과 비슷한 장사를 하고 있었다. 또 독점적인 위치는 사람이 별로 없고 감시가 허술한 곳에서 더 유지하기 쉬우니, 많은 일본 상인들이 조선 내륙까지 들어가곤 했다. 아무래도 비교적 물정에 어두운 시골 사람들을 상대로 한몫 잡기가 더 수월했던 것이다. 항구에서 거래를 하면 조선 관리들도 있고 사람이 많아 눈에 띄기 쉬우며, 일본 상인들 사이에 경쟁이 붙어 조선인들에게 어부지리를 줄 수도 있었다.

일본 잡화상의 대부분은 무역항에서의 영업에 만족하지 않고, 비상한 곤란을 겪으면서 내지에 깊숙이 들어가되 그

* 오카 요이치, 『최신한국사정: 한국경제지침』, 1904, 409쪽.

상품은 모두 일종의 이륜차에 싣고 주인이 직접 운전하는 것이나, 그 가운데 무엇이든지 수요에 응할 만한 다종의 상품이 실려 있다. 이 상업의 특질은 반드시 일본산이라는 것, 그리고 상인은 돌아올 때 현금을 가지고 오지 않고, 차 위에는 쌀을 가득 싣고 오되, 주머니에는 인삼 및 사금沙金을 가득 넣어 돌아옴에 있다.*

개항이 이루어졌어도 내륙 깊숙이까지 들어가는 것을 조선 정부가 허락한 적은 없었다. 그럼에도 외국 상인들은 거리낌 없이 들어가 장사를 했다. 뻔히 이득이 보이는 상황에서 힘없는 조선 정부가 정한 규칙 따위 눈에 들어오지 않았기 때문이다. 다음은 개항 2년 차에 올라간 암행어사의 보고다.

근래 일본인들이 허용된 곳을 벗어나 무단으로 다니며 장사를 하고 있습니다. 신기하고 눈을 현혹시키는 물건들을 팔고, 조선에서는 쌀과 가죽, 심지어 철 가마솥까지 사들이니, 이는 우리에게 전혀 이득이 없는 것입니다.**

* 러시아 제국 대장성, 앞의 책, 135~136쪽.
** 『일성록』, 고종 15년(1878년) 5월 26일.

출처인 『일성록』은 왕의 일기다. 여기에 기록되었다는 것은 대신들은 물론 고종까지 이런 밀무역 보고를 받았다는 말이 된다. 그러나 한번 힘에 눌려 개항한 이후부터, 조선 조정은 외국 상인들의 횡포를 무기력하게 바라볼 뿐이었다.

이렇게 일본이 민관 차원에서 반강제적으로 쌀 가져가기에 힘쓴 결과, 조선에서 유출되는 쌀의 양이 폭등했다. 조선에서 일본으로 쌀이 나가는 것이기 때문에 엄밀히 말하면 국제 수지에서 수출로 잡힌다. 그런데 해방 이후 대한민국은 수출 주도형 경제 성장국으로, 수출을 좋은 것으로 여기는 사람들이 많기 때문에 단순히 수출이라고만 표시하면 2020년대의 한국인들조차 마치 조선의 산업이 발전하는 것처럼 받아들인다는 문제가 생긴다. 그래서 여기에서는 수출이라는 표현과 유출이라는 표현을 섞어서 쓰고 있다. 그 점을 염두에 두고 앞에서 본 『한국지』의 수출 수입표를 다시 살펴보기로 한다.

개항 후 5년 만인 1881년에 무역량이 개항한 연도에 비해 22배 넘게 늘어났다.* 역시 『한국지』의 114~115쪽에 따르면

* 이 표는 일본과의 무역만 나와 있으나, 제3차 통감부(統監府) 통계연보와 조선총독부(朝鮮總督府) 통계연보 등을 보면 한일합병 이전까지 매년 조선 수출입의 70%가량이 일본 관련이었으므로, 조선 무역의 전반적인 추세라고 보아도 된다.

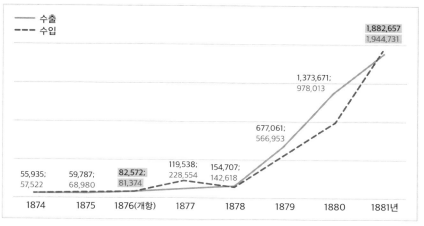

<표-3> 조선의 일본과의 무역(단위: 만 엔)*

	수출	수입
	── 수출	--- 수입

1,882,657
1,944,731

1,373,671;
978,013

677,061;
566,953

55,935;   59,787;   82,572;   119,538;   154,707;
57,522   68,980   81,374   228,554   142,618

1874   1875   1876(개항)   1877   1878   1879   1880   1881년

조선 수출의 29%가 쌀이고 11.9%가 콩이었으니 곡물이 주된 유출품이었음을 알 수 있다.

『한국지』에서는 쌀의 수출이 조선 농민들의 사정과는 상관 없이 이루어진다는 점도 지적한다. 조선에 흉년이 들어 먹을 것이 귀해져도 쌀은 일본인들 손에 들어가 일본 시장에 팔린다는 것이다.

　미곡의 수출량은 조선의 풍흉에 관계가 있긴 하지만, 주요 수요자인 일본의 수요에 달려 있다. 조선에 있어서 미곡

* 러시아 제국 대장성, 앞의 책, 110~113쪽.

수매 자금의 대여 관행 때문에,* 흉작이라 할지라도 추수한 쌀은 일본인의 손에 들어가 조선 주민들의 손실이 된다.**

일본 측의 평가도 다르지 않다.

조선으로부터 일본에 수출한 8할이 쌀과 곡물이어서 그 때문에 서울의 쌀값이 2~3배 정도 올랐다는 것은 일본 정부 측의 보고에도 나왔다.***

이밖에도 일본의 무역보고서나**** 영국 영사의 조선에 대한 보고서***** 등 여러 방면의 자료들이 조선에서 일본으로 쌀이 급격하게 유출되었음을 보여준다. 그 당시 도량형이나 환율 등이 조금씩 다르게 쓰인 경우가 많아 정확한 숫자는 전문 연구자들이 계속 들여다볼 필요가 있으나, 쌀이 조선에서 급격하게 빠져나간 것은 교차검증되는 사실이다.

일본 정부는 국가 정책으로 조선에서 쌀 가져가기에 힘을

* 미곡 수매 자금의 대여 관행이란 일본인들이 쌀을 두고 돈놀이를 하던 것을 가리키는데, 이에 대해서는 뒤에 서술한다.
** 러시아 제국 대장성, 앞의 책, 144쪽.
*** 야마베 겐타로, 『일본의 한국 병합』, 1966, 49쪽.
**** 『조선통상구안삼관무역책』(朝鮮通商口岸三關貿易冊), 1890, 무역정형론(貿易情形論).
***** *British Consular Reports*, Foreign Office, Annual Series, 1894, No. 1088.

Изданіе Министерства Финансовъ.

ОПИСАНІЕ
КОРЕИ

(СЪ КАРТОЙ).

СОСТАВЛЕНО

ВЪ КАНЦЕЛЯРІИ МИНИСТРА ФИНАНСОВЪ.

Часть I.

С.-ПЕТЕРБУРГЪ.
Типографія Ю. Н. Эрлихъ, Садовая № 9.
1900.

『한국지』
한반도에서의 세력 확장을 도모하기 위해
1900년 제정러시아가 상트페테르부르크에서
간행한 정책 자료집으로 총 3책이다.
원서명은 『꼬리아』(КОРЕИ)다.

쏟았다. 식량 사정이 안 좋아질 때마다, 즉 쌀값이 너무 올라 일본인들의 정부에 대한 불만이 높아질 때마다 조선에서 쌀을 싸게 가져가 공급하는 것으로 위기를 넘기곤 했던 것이다. 쌀값도 안정시키고 일본 상인들도 돈을 벌 수 있으니 (조선이 쌀이 부족해서 굶든 말든 상관도 없을 뿐더러) 하지 않을 이유가 없었다.

조선 농산물의 주요 수요지는 일본이며, 일본에서 조금이라도 농사가 안 되어도 조선의 쌀을 대량으로 일본에 가져올 요인이 생긴다.[*]

일본에서 풍작으로 쌀이 남는다고 해도 조선에서 쌀을 빼가지 않는다는 보장은 없었다. 나중에도 나오겠지만, 조선이 흉년이고 일본이 풍년일 때에도 개항 전보다 몇 배가 넘는 양의 쌀이 일본으로 유출되곤 했다. 일본 상인이 조선 쌀을 가져갈 때는 앞에서 말한 것처럼 약탈에 가까운 방법을 쓰기 때문에 원가가 워낙 싸서, 일본 시장에 조금 가격을 낮게 내놓아도 이익이 발생했기 때문이다. 게다가 조선 돈을 이용한 투기까

[*] 러시아 제국 대장성, 앞의 책, 139쪽.

지 가능했으니, 일본 상인들이 조선 쌀을 매입하는 원가는 더 더욱 낮아졌다.

일본 시장에서 조선산 쌀은 대개 10~15%가량 일본산에 비해 저렴했는데도* 이익은 더 많이 남았다. 결국 조선과 일본 사이의 불평등한 거래 조건들 때문에 조선이 쌀을 많이 수출했음에도 조선이 부유해지는 일은 일어날 수 없었다.

조선에 풍년이 들어 곡물을 다량 수출하는 해에도 조선의 곡물 수입이 크게 느는 것은 언뜻 괴상해 보일 수 있다. …조선 내에는 정미(쌀 껍질을 벗기는 것)나 그밖에 곡물제조의 완전한 방법이 갖추어져 있지 않으므로, 일본인은 특히 개항 초기에 있어서 조선의 곡물을 껍질째로 모조리 사들인 뒤에, 이를 정미한 다음 다시 조선에 팔았다. (그래서 풍년에도 조선의 곡물 수입이 늘어나는 것이다.)**

이렇듯 일본 상인들은 조선이 쌀을 가공하는 기술이 부족한 부분도 이용했다.

* 오우치 쓰토무(大內力), 『농업공황』(農業恐慌), 1958, 324쪽 자료(일본 농상무성 농무국, 1915, '쌀에 관한 조사'米に關する調査에서 재인용).
** 러시아 제국 대장성, 앞의 책, 170쪽.

풍년이 들어도 일본 상인들이 쌀을 가을에 모조리 사들이는 바람에, 조선에서는 겨울이 끝나갈 즈음에는 쌀이 모자라서 일본에서 쌀을 수입할 수밖에 없다.*

월등한 자본금을 이용해 가을에 수확된 쌀을 모조리 사들인 다음 나중에 가격이 올랐을 때 풀어버리는, 『허생전』의 내용 같은 방법도 썼다.

조선 상인은 일단 운송 체계 등을 갖추고 있지 못했고 일본에 쌀을 팔 판매망도 없었기 때문에, 이런 '무역'은 자본을 갖춘 일본인들의 독무대였다.

조선 상인은 돈이 없고, 신용도 없으므로 절대로 일본인과 경쟁할 수 없다. 개항 후 불과 2년 만에 수출입업은 거의 모두 일본인의 수중에 들어가고, 조선 상인은 일본인이 곡물 등을 매점할 때 그 중매자에 불과하다.**

다만 항구까지 쌀을 운송하는 중간 과정은 조선 상인들이 담당하는 경우가 많았다. 일본 상인들이 생산지를 지정해 구

* 같은 곳.
** 같은 책, 134쪽.

입 계약을 하면, 조선 상인들이 그 쌀을 항구까지 배달해서 무역선에 실어놓고, 다시 일본 상인들이 일본 시장에 내다 파는 구조가 흔했다. 이 시기에는 일본 상인 세력이 개항된 도시 근처에 주로 머물렀기 때문이다. 따라서 조선 상인들도 이런 식으로 약간이나마 돈을 벌 수 있었으나, 나중에 일본이 조선 경제를 완전히 장악하면서부터는 조선 상인들이 설 자리가 모조리 사라져버린다.

영국의 지리학자 이사벨라 버드 비숍Isabella Bird Bishop은 동학농민운동이 일어났던 1894년부터 4년간 조선에 머물며 여행기를 썼는데, 당시 상황을 이렇게 요약했다.

쌀에 관한 한, 조선은 일본의 창고다.*

＊ I. B. Bishop, *Korea and Her Neighbors* Ⅱ, 1898, p.213. 한국어판은 『한국과 그 이웃 나라들: 백년 전 한국의 모든 것』, 이인화 옮김, 살림, 1994.

5 대응을 안 한 것일까 못 한 것일까

　결국 조선과 일본 사이의 무역에서 조선의 '수출'은 대부분 조선에 온 일본 상인들이 조선 각지의 쌀을 빼앗다시피 해서 일본에 비싼 값으로 팔아넘기는 것이었으며, 그 거래로 생긴 이익은 일본 상인들에게 돌아갔다. 이런 식의 유출이 계속되자 조선의 쌀값은 오르고 사람들은 먹을 것이 없어지는 지경에 이르렀다. 이런 추세는 시간이 갈수록 심각해져갔다.

　예를 들어, 1883년 10월 1일(음력)자 『한성순보』漢城旬報에 의하면 상급품 쌀 1승가 또는 1되가 5전 5분인데, 3년 후인 1886년 9월 13일자 『한성주보』漢城周報에는 같은 품질의 쌀이 2냥 3전으로, 4배에 달하는 상승률을 보였다. (1냥은 10전에 해당하니 2냥 3전은 23전이 된다.)

　조선의 조정 역시 개항 초기부터 쌀의 유출에 위기감을 느꼈다. 개항 후 3년이 채 지나지 않은 시점에 이미 조정 내에서

『한성순보』제7호(1883년 12월 29일)
고종 20년(1883년) 10월 1일(음력)에 창간된 한국 최초의 근대
신문이다. 나라의 개화에 크게 이바지한 것으로 평가된다.
1884년 12월 4일 갑신정변 실패로 발행처 박문국과 인쇄시설이
모두 화재로 소실되며 1년 만에 종간되었다.
1886년 1월 25일 주간신문『한성주보』로 재발간된다.

쌀 부족 현상을 경고하기도 했다.

조선 조정은 개항 후 5년 만에 곡물 수출은 금지하자는 제안을 일본에 전달하기도 했다.* 물론 일본은 들은 체도 하지 않았다. 조선인 개개인들이 쌀을 빼앗기지 않기 위해 저항해 보았지만, 앞서 말한 것처럼 경찰까지 앞세운 일본 상인들에게 무력할 뿐이었다.

조선의 지방 관리들은 대응책으로 쌀의 유출을 금지하는 방곡령防穀令을 내리기도 했다. 흉년이나 재해가 일어났을 때 그 지역 사람들이 먹을 식량을 확보하기 위해 시행되었다. 그러나 지방 관리 따위가 조정을 굴복시킨 일본을 막을 수는 없었다. 1876년 개항부터 1904년 사이에 내려진 방곡령이 100여 건에 달했는데, 대부분의 경우 일본에서 조선 조정을 들볶으면 조정이 지방관들에게 압력을 넣어 이를 무효화시켰다.** 몇몇 사례들처럼 지방관이 중앙 정부의 지시를 무시하고 강행하기도 했으나, 일본은 조선 조정에 해당 지방관을 처벌하도록 요구하고 배상금을 뜯어내는 것으로 대응했다.

* 『통상신약(通商新約): 신이신행시(辛已信行時)』, 1881년 12월 24일, 규장각 도서.
** 방곡령 사건, 한국민족문화대백과사전(kosis.kr) 참조.

한 일본인 역사가는 이런 쌀 부족 현상이 마침내는 폭동으로 이어져 1882년의 임오군란을 불렀다고 보았다.

일본이 인천 개항의 교섭을 조선 정부와 더불어 시작할 때 조선의 정부가 개항에 반대한 것도 인천을 개항하면 첫째로 유출될 것이 곡물이고, 그 때문에 곡물 가격이 폭등해 백성들의 폭동이 일어날 우려가 있기 때문이다. 임오군란이 단순한 군란으로부터 반일폭동으로 전개된 것은 이러한 사회적 배경이 있었다는 것을 잊을 수 없다.*

즉, 조선 조정은 개항이 가져올 피해에 대해 잘 알고 있었으며 개항을 원하지 않았지만, 힘에 눌려 마지못해 개항에 응한 것이다. 그리고 예측했던 것처럼 개항 이후 급격한 곡물 유출로 쌀값이 폭등했고, 먹고살기 힘들어진 군인들은 폭동을 일으키며 문제의 근원이었던 일본에 대해 적개심을 내보이게 되었다. 조선 조정이 개항에 저항한 것은 세상 물정 모르고 외국이라면 무조건 배척하는 태도가 아니었다. 물론 그 당시에 개항 반대 시위를 하던 조선 유생들 가운데 물정 모르는 사람

* 야마베 겐타로, 『일본의 한국병합』, 1966, 49쪽.

ⓒ국립중앙박물관

임오군란 당시 일본공사관원 기념 촬영
임오군란 이전에도 1863년 금위영 소속 군병의 소요,
1877년 훈국병 소요 등 수차례에 걸친 군병들의 반항이 있었다.

들도 섞여 있었겠지만 말이다.

관리들이 일부러 이런저런 핑계를 대며 개항을 최대한 늦추려 한 흔적도 보인다. 그러나 이미 나라가 제압당한 상태였기 때문에 침략을 잠시 미루는 효과밖에 없었다.

> 교묘한 구실을 붙여서, 압제로써 주어진 조약의 실시를 되도록 미룰 것을 꾀했다.*

임오군란은 군인들이 폭동을 일으켜 당시 정권을 잡고 있던 민씨 일파를 죽이고 흥선대원군을 다시 불러들인 사건이다. 당시 군인들의 봉급인 쌀 지급이 1년 넘게 밀려 있었는데, 한 달 치를 준다고 약속해놓고서는 쌀에 모래와 겨를 섞어서 준 것이 군인들의 불만에 불을 질러버렸다. 거기에 책임자인 민겸호 등이 군인들의 불만을 힘으로 찍어누르려다가 폭동으로 번졌다. 폭동을 일으킨 군인들은 민겸호 등 집권 중인 민씨 일파를 죽이긴 했지만, 민씨 일파의 수장이었던 왕비는 잡지 못했고, 왕인 고종은 건드리지 않았다.

그 대신 군인들은 흥선대원군을 불러들여 통치를 부탁했다.

---

* 러시아 제국 대장성, 『한국지』, 1905, 111쪽.

군인들이 대원군을 불러들인 까닭은 그가 외국에 휘둘리던 조선 조정을 다잡을 수 있는 인물이라고 생각했기 때문이었다. 앞에서 일본인 역사가가 지적한 대로, 군인들은 먹고살기 힘들어진 원인이 일본에 있다는 사실을 알고 있었던 것이다.

하지만 대원군은 무언가 시도해볼 틈도 없이 한 달 만에 청나라 군대에 납치당한다. 정권을 잃어버린 고종 일파가 청나라에 병력을 요청했고, 청나라는 이 기회에 조선에 대한 영향력을 확대하고자 했다. 일본 역시 그동안 조선에 세워놓은 기반을 잃지 않기 위해 자국민 보호 등을 내세워 조선에 군대를 보낸다. 두 나라 모두 고분고분하지 않은 대원군이 정권을 잡는 것은 원하지 않았으므로, 청나라 군대가 대원군을 납치할 때 일본과 청나라 사이에 별다른 충돌은 없었다.

청나라 역시 조선에서 이득을 취하려고 한 것은 일본과 다를 바 없어서, 청나라 상인들 다수가 조선에 들어와 일본 못지않게 각종 불법적인 수단을 동원하며 수익을 올리고 있었다. 때문에 대원군을 납치한 청나라의 행보 가운데 하나도 조선과 조약을 맺어 청나라 상인의 활동을 보장하는 것이었다.

청나라 행상인은 무역업을 하는 일본인 곡물 매입자와

더불어 조선 어디에서나 만날 수 있다. 그들의 활동은 대단히 빨리 확대되어가고 있으므로 조선 사람들은 이 두 식민자들에 의해 국가 산업이 점점 흡수되어가는 것을 자각하기 시작했다.*

이런 재빠른 전개를 들여다보면, 임오군란 이후뿐만 아니라 대원군이 처음 정권을 잃고 고종이 정치를 시작한 과정에서도 외세의 개입이 있었을 가능성을 의심하게 한다. 앞에서 다루었지만, 대원군의 가장 큰 실책이라 할 수 있는 당백전의 발행은 그 피해가 생각보다 크지 않았고, 수습 또한 진즉에 끝난 상태였다는 평가가 나오기 때문이다. 대원군이 물러난 지 2년 만에 빠른 개항이 이루어졌다는 점 역시 기다렸다는 듯이 실행된 느낌이다. 이 부분은 깊게 연구된 부분이 아니라 단지 추측일 뿐이다.

당시의 조선은 세계 열강이 어떻게 요리할지 궁리하는 먹잇감에 지나지 않았다. 이 과정에서 어느 나라가 윤리적으로 더 타락했는지 따지는 것은 그리 의미가 없다. 모든 사람은 자신의 이익을 높이려고 노력한다는 것이 경제학의 원칙일진대,

* *British Consular Reports*, Foreign Office, Annual Series, 1894, No. 1088.

조선 조정이 제대로 백성들의 보호막 구실을 할 수 없었으므로 조선 사람들은 청나라와 일본 상인들의 이윤 극대화 과정에 희생될 수밖에 없었기 때문이다. 몇몇 외국 상인들이 자신의 신념에 따라 조선 백성들에게 피해를 덜 입히도록 장사했을 수도 있지만, 모두가 그런 윤리관을 가졌다고 가정하고 나라를 운영해서는 안 된다.

서로 정신없이 조선을 뜯어먹던 청나라와 일본이라는 늑대들은 12년이 흐른 뒤 조선에서의 이권을 두고 청일전쟁[1894년]으로 맞붙게 된다.

6 황금의 땅 조선과 '지팡구'*

노란색으로 번쩍이는 금속에 큰 가치를 부여하고 애지중지하는 이상한 동물이 인간이다. 오늘날에도 산업 등지에서 필요한 양보다 훨씬 더 많은 금이 세계 각국의 중앙은행 금고에 엄숙히 보관되어 있다. 금과 화폐를 연동시키는 방식인 금본위제는 1970년대를 끝으로 폐지되긴 했지만, 신용 화폐의 시대라고 하더라도 금의 뒷받침이 없다면 휴지 조각이 되는 것은 순식간이다. 금을 어느 정도는 가지고 있어야 그 나라의 화폐에 대한 믿음이 생길 수 있으니, 금 보유량은 그 나라의 국력과 다름없다고 보면 된다.

그런데 조선에서 제일 구하기 쉬웠던 화폐용 금속이 금이었다. 신라 시대 유물로 금으로 된 장식품이 많이 남아 있는데

* 일본의 영어 이름 Japan의 어원이다.

다가, 중세 유럽인들이 말하던 먼 동쪽 황금의 땅 '지팡구'는 사실 한반도라는 주장도 있다. 대표적으로 평안북도 운산에 있는 금광 지대는 동양 최대의 수익성을 가진다고 평가되었다.* 나중에 고종은 이 운산 금광의 채굴권을 미국인에게 팔아넘긴다.**

그러나 금은 조선 시대 대부분의 기간 동안 제대로 쓰이지 못했다. 우선 매장된 금은 꽤 있었지만, 대부분 평안북도와 함경도의 첩첩산중에 있어서 채굴하는 것이 보통 일이 아니었다. 앞서 이야기한 운산 금광만 하더라도 미국에서 대규모 자본이 들어가고서야 본격적인 채굴이 가능했다. 기껏 채굴한다 하더라도 조선 시대에는 금이 산업용으로는 큰 가치가 없었으며, 사치품으로 수출해 돈을 버는 용도가 대부분인데 당시의 국제 무역이 돈을 벌 만큼 자유롭지 못했다.

* 전봉관, 「제국의 황혼: '동양의 엘도라도' 운산금광」, 『조선일보』, 2010년 4월 1일자; 박종인, 「박종인의 땅의 역사: 호러스 알렌과 운산금광」, 『조선일보』, 2021년 8월 11일자.
** 고종이 수익의 일부를 받는 조건이었다. 매장량은 컸지만, 첩첩산중 한가운데 있는 데다가 조선의 도로 교통이 발달되지 못했기 때문에, 500만 달러 규모의 회사가 달려들어야 했다(전봉관 2010, 박종인 2021 참조). 인플레이션을 감안하면 1876년의 500만 달러는 2020년대 1억 3,000만 달러 정도 되는데, 2020년대 한국 돈으로 1,300억 원이 넘는 금액이다.

이에 반해 중국은 일찌감치부터 금을 공물로 요구하는, 즉 빼앗으려는 형편이었다. 세종대왕이 명나라에 집요하게 요청해 금과 은을 겨우겨우 조공 품목에서 제외시킨 이후, 조선은 금이 없는 것처럼 행세하는 것이 더 유리했다.* 조선 후기에는 중국의 감시가 느슨해진 틈을 타서 알음알음 금을 파내는 정도였고, 매장된 것은 대부분 그대로 있었다.

개항이 되자 조선에서 돈 되는 물건이라면 무조건 찾던 외국 상인들에게 조선의 금이 눈에 띄지 않을 수 없었다. 당시에 같은 크기의 금을 부산항에서 16~20엔에 사면, 일본 오사카 시장에 두 배 가까운 30~31엔에 팔 수 있었다.** 그런데 이 가격은 조선 땅에서 나가기 직전인 부산항 가격이고, 조선 사람들에게서는 이보다 훨씬 싼 가격으로 금을 가지고 나왔다고 보면, 금의 수익성 역시 7배에 육박하는 쌀의 수익성 못지않았을 것이라는 추측이 가능하다.

쌀과 마찬가지로 금을 구입할 때에도 외국 상인들이 제값을 치르고 구입하는 일은 드물었으니, 조선에게는 피해만 입

---

* 박종인, 같은 글.
** 강덕상, 「이씨 조선 개항 직후의 조일 무역 전개」, 『역사학 연구』 제266호, 1962.

는 거래였다.

청나라 사람들은 조선 사람이 시장 가격을 알지 못한 점을 기회로 삼아, 금의 무게를 속이고, 가격 지불도 1개월 또는 2개월 연기하며 또는 백분의 1.5 내지 백분의 3의 할인을 해서 이를 탐한다. 일본 상인 또한 앞서 기록한 청나라 사람들과 같은 방법으로 금을 구입한다.*

이런 식으로 헐값에 금이 빠져나가자, 조선 안에서도 위기를 알리는 목소리가 나왔다.

각 나라에서 금은을 보유하고 있는 것이 매우 중요할진대, 금은을 외국에 유출하는 것은 가장 경계할 일이다.**

그러나 이런 지적들에 대해 조선 조정에서 제대로 대처했다는 기록은 찾기 어렵다.

개항 직후 5개년 동안 금의 공식 유출액만 100만 엔에 육박했는데,*** 이는 1엔을 금 1.5g으로 삼은 1871년의 일본 금본

* 러시아 제국 대장성, 『한국지』, 1905, 154쪽. 이때에 청나라 상인은 조선인을 "멍청한 민족"이라 부르기도 했다 한다.
** 김윤식(金允植), 『운양집』(雲養集) 7-2, 전폐론(錢幣論), 1890년대 초.
*** 러시아 제국 대장성, 같은 책, 116쪽.

위제 기준으로 금 1.5톤이 된다.* 이것만으로도 적지 않지만, 부피가 큰 쌀과 달리 금은 조금씩 숨겨서 운반하기에 편해서 세관 등을 피해 빼돌리는 양이 많았다. 이 점 때문에 공식적인 금의 유출량보다 실제 유출량은 훨씬 더 많다고 생각해야 한다.

금은 부피가 작고 은닉이 간편함과 동시에 관리의 무역 물품에 대한 감독이 엄하지 않기 때문에, 청나라 사람이나 일본 사람이나 관리의 눈을 피해 수출하는 것이 많다. 관세의 보고서에 게재된 것은 실로 작은 부분에 불과하다.**

청나라 상인들은 조선의 쌀보다는 금에 더 주력했기 때문에, 금의 유출에 있어서는 일본보다 더 많은 양을 빼돌렸다는 보고가 있다. 더구나 밀수가 많아서 일본의 경우보다 자료를 구하기가 더 어렵다.

금은 청나라 및 일본에 수출하되 그 수량은 청나라가 많을 때가 있고, 일본이 많을 때가 있다. 하지만 실제로 청나라

* 일본은행 화폐박물관 홈페이지(imes.boj.or.jp/cm/) '일본화폐사'(日本貨幣社) 항목 참조.
** 러시아 제국 대장성, 앞의 책, 152~153쪽.

는 육로를 이용할 수 있고 서해안에 밀수를 하는 정크선들이 있으므로 일본에 들어가는 것보다 청에 들어간 것이 많다는 설은 믿을 만하다.*

일본은 나중에 정부가 나서서 조선의 금을 가져가는 국가 차원의 '사업'까지 벌였기 때문에 그나마 자료가 좀 남아 있는 편이다. 일본 정부는 조선에 개항을 강요할 때부터 금을 가져가겠다는 의도를 내비친 바 있었다.

> 강화도 조약을 체결한 후에… 일본 정부는 일본의 통화를 조선에 유통시켜서 조선의 금을 매수하려는 기도를 갖고 있었다.**

이렇듯 일본과 청나라 상인들이 조선의 금을 찾아서 달려들 즈음, 조선 조정에서 이를 역으로 이용할 기회가 잠시나마 있었다. 전국에 퍼져 있는 쌀 생산지나 돌고 도는 화폐와 달리 금의 경우는 금광지대가 정해져 있기 때문에, 개항 초기부터 조선 조정이 적극적으로 움직였다면 몇몇 주요 금광 정도는

---

* 같은 책, 154쪽.
** 유자후, 『조선화폐고』, 1940, 666쪽.

장악이 가능했으리라고 본다. 이때 없는 돈이라도 끌어모아 금광 개발에 집중 투자했다면 나라의 재정 문제를 크게 해소하고, 나라가 위태롭던 시기에 큰 결정을 내리거나 모험을 해볼 뒷받침이 되었을 것이다.

개항 초기부터 외국 상인들이 금을 찾아 매수하고 있었으므로 수요가 확실했고, 확인된 매장량도 많았다. 그렇기에 나라가 직접 나섰다면 상인들의 농간에 휘둘리지 않고 값을 제대로 받았을 가능성도 높았다.

외국에 금이 밀수출되는 것을 행정력을 총동원해 막으면서 나라에서 금을 직접 캐서 조선에 금화를 보급했다면, 앞서 말한 바와 같은 조선 화폐 경제의 붕괴나 일본 화폐의 침략을 피할 수도 있었을 것이다. 조선의 돈이 금으로 만들어진다면, 세계 어느 곳에서도 물건을 살 수 있는 막강하고 안정적인 화폐로 바뀌기 때문이다.

이런 원리를 조선 사람들이 모르는 것도 아니어서, 조선의 지식인들이 이미 방도를 제시한 바 있었다.* 그러나 당시의 조정은 그런 정책을 실행할 역량과 의지가 없었으니, 그 점 또한

* 김윤식, 같은 곳.

고종 정권의 실책이었다. 외국에서 치고 들어오는 어려운 시기라고는 하나, 고종의 조정은 외국에 기대어 어떻게 해볼까 하는 모습만 보일 뿐 스스로 나서서 무엇을 해보려는 경우가 거의 없었다.*

국가 주도의 금광 개발이나 관리는커녕, 약간의 수수료를 받는 조건으로 지방에서 개인들이 알아서 금광을 파도록 허락하는 것이 고작이었다. 그 개인들은 대개 자본이 있는 지방의 세도가들이나 지역 백성들의 노동력을 동원할 수 있는 지방 관리들이었다. 외국 상인들이 이들에게 돈을 대주며 금광을 간접적으로 개발했다는 사례도 많다. 중앙 정부에서 금광 관리를 내던지다시피 한 상황에서 이런 개인 소유의 광산에 대해 제대로 된 통제를 할 리 없었고, 그 결과 조선 정부가 금광에서 얻을 수 있었던 이득은 지방 세도가나 관리, 그리고 외국 상인들이 다 차지했다.

---

* 군인들이 반란을 일으킨 임오군란 때는 청나라 군대에게 파병을 요청해서 수습했고, 동학농민운동 때도 청나라 군대를 불러들였다. 이 부분이 자충수가 되어 일본 군대까지 조선에 상륙했고, 일본에게 경복궁이 점령당한다. 그 후 일본에게 계속 휘둘리자 러시아 공사관으로 도망쳐서(아관파천), 러시아에게 이권을 많이 주면 조선을 지켜줄 것이라는 망상을 품었다.

영흥永興. 이 금갱은 광물이 풍부하고 그 종업원은 1885년에 약 2,000명, 1890년대 초에는 약 4,000명에 달했다. …이곳의 광산은 이와 같이 풍부함에도 불구하고 고용된 자들은 모두 빈궁하니 그 이유는 이익의 대부분이 관리의 주머니로 들어가기 때문이며, 이들 관리는 금을 얻어 원산元山에 수송해서 일본인에게 판매한다.*

함경도 영흥이라면 조선을 세운 태조 이성계의 고향인데, 왕실의 발상지에 있는 금광도 제대로 관리를 못하는 추태를 보여준다. 이들 금광이 어떻게 돌아가고 있는지 조정이 모르고 있는 것도 아니었다. 『승정원일기』에 위의 『한국지』의 관찰과 비슷한 내용을 고종에게 보고한 기록이 버젓이 남아 있기 때문이다.** 일개 지방 관리는 그 의도가 어떻든지 간에 적극적으로 산업을 일으키는데 중앙 정부는 손을 놓고 있는 형국이다.

조선 조정은 금광 개발 같은 건설적인 방법보다는 오히려 당오전 발행 같은 '꼼수'나 써서 재정 위기를 덜어보자고 했

---

* 러시아 제국 대장성, 앞의 책, 49쪽.
**『승정원일기』, 고종 25년(1888년) 8월 6일, 김병시(金炳始)가 올린 보고서.

다. 뒤에서 설명하겠지만 고종이 발행한 당오전 역시 대원군의 당백전과 별 차이가 없었다. 화폐를 찍어서 돈을 벌자는 단순한 발상에서 나온 것이었다. 다만 기존 화폐 가치의 100배였던 당백전의 기억 때문에 반발을 줄여보고자 당오전의 가치는 5배로 설정했을 뿐이다. 더구나 이런 당오전과 당일전, 나중에 발행하는 백동화 등의 재료가 일본에서 나는 구리였으니, 조선이 많이 보유했던 금은 일본과 청나라에 헐값에 뜯기고 일본산 구리를 수입해 조선의 돈을 만드는 한심한 모습을 보여준 것이다.

반면 일본은 조선의 금 확보에 크게 투자했다. 일본 제일은행은 개항 초기부터 조선에 들어와 은행업을 했는데, 나중에는 외국의 일개 은행 주제에 조선의 중앙은행 행세까지 하게 되는 곳이다. 이 제일은행의 개항 초기 업무 가운데 하나가 조선에서 금을 찾아 일본으로 보내는 것이었다. 제일은행이 금 매입을 위해 일본 정부 대장성大藏省, 경제부에 지원을 요청한 다음과 같은 기록이 있다.

조선은 금광 및 사금이 풍부하고 매년의 금 생산량 역시 적지 않으니, 그 여분을 구입해 일본의 부족을 보충하고 서

당오전(위)과 당일전(아래)
두 동전 모두 화폐를 찍어서 돈을 벌자는
조선 조정의 단순한 발상에서 나왔다.

로 교역을 하는 일은 양측의 이익을 높이는 바, 본행^{제일은행}은 한국에 지점을 설치한 이래 일찍이 이에 주목해, 1880년 2월에 금은 구입을 위해 분석자 1명 및 기계 대여를 대장성에 청원했다.*

조선에서 어느 정도 금 사업의 가능성이 보이자, 무기력하던 조선 조정과 달리 일본 정부는 공격적인 투자를 감행했다. 개항 후 8년 차인 1884년에 30만 엔을 제일은행에 주면서 조선의 금 찾아내기 사업을 지원한 것이다. 30만 엔이면 앞서 말한 일본 금본위제 기준으로 금 0.45톤이다. 2020년대 금 시세로 한국 돈 380억 원 정도의 투자금이다.**

이때부터 제일은행은 조선 곳곳의 금광 개발에 박차를 가했다. 일본인 소유로 등록하면 조선 법에 걸려서 항의가 들어오니, 적당한 지방 관리나 유력자를 내세워 금광을 운영하게 하고, 생산된 금은 일본 상인이 받아오는 방식이었다. 금만 싸게 캐가면 되니까 지역 조선인들을 강제 동원해 헐값에 부리도록 했고, 광산 운영이 지역에 무슨 피해를 입히든지 신경쓰

---

* 츠치야 타카오, 『시부사와 전기 자료』 16권, 1957, 16쪽.
** 금 1kg당 8,500만 원으로 계산했다.

지 않았다. 지역 농민들을 죄다 강제로 광산에 끌어가는 바람에 농지가 황폐화되었다는 보고가 나올 정도였다.* 반면, 조선 조정은 여전히 수수료를 조금 받고 광산 권리를 넘겨주는 행태를 계속 보였다.

이 야심찬 사업은 '성공적'으로 실시되어 1886년 5월부터 1889년 8월까지 3년간 제일은행이 일본 중앙은행에 납입한 금과 은은 260만 엔에 달했다.** 당연히 1889년까지만 금을 찾고 그만둘 리는 없었다. 1900년부터 1904년까지 제일은행이 조선에서 금 매상을 올린 자료도 자랑스러운 은행의 역사랍시고 남아 있다.

그러면 밀수는 제외하고 기록에 남은 양만 계산해보자. 1904년 이후로도 일제강점기가 끝날 때까지 일본이 조선에서 막대한 금을 가져갔다는 점은 일단 제쳐두고, 개항기 위주로 이 당시 문서에 남은 양만 보는 것이다. 앞서 개항기 첫 5년에 공식적으로 유출된 1.5톤과 1886~89년 매상액 260만 엔이 있는데, 260만 엔은 일본 금본위제 기준을 쓰면 금 3.9톤 분량이다. 그럼 1889년까지 1.5＋3.9＝5.4톤 분량이 된다. 그리고

* 『승정원일기』, 고종 25년(1888년) 8월 6일, 김병시가 올린 보고서.
** 츠치야 타카오, 앞의 책, 22쪽.

연도	중량(관인貫刃)	금액(엔)
1900년(11~12월)	2,450.60	9,378.62
1901년	640,998.45	2,764,033.51
1902년	824,885.10	3,519,267.70
1903년	855,995.10	3,791,867.67
1904년	821,171.21	3,664,581.25
합계	3,145,500.46	13,749,128.75

1900년 말부터 1904년까지 위의 표에 나온 엔화 금액을 더해서 금 무게로 환산하면 20.6톤가량이다.** 그러니 개항기에만 최소 1.5＋3.9＋20.6＝26톤의 금이 조선에서 일본으로 넘어갔다는 말이 된다.

26톤의 금은 어느 정도의 위력이 있을까? 2022년 기준 World Gold Council─www.gold.org 자료를 보면 대한민국의 중앙은행인 한국은행의 금 보유량이 104톤을 조금 넘고, 26톤을 중앙은행에 보관하는 나라는 세계 150여 개 나라 가

---

* 제일은행, 『제일은행 50년소사』(第一銀行五十年小史), 1926, 77쪽.
** 2020년에는 금 1관(貫)이 375g에 해당하지만 저 관인(貫刃)이라는 단위를 375g으로 환산하면 세계 총매장량을 넘어갈 정도로 너무 크다. 1문(匁)이라면 3.75g이 되어 계산이 비슷하지만, 도량형을 무엇을 썼는지 확실하지 않기에 금액을 사용해 계산한다.

운데 중간 이상인 60위권 수준이 된다. 경제 규모가 비교할 수 없게 커진 2022년에도 이런데, 1900년대 초에 26톤은 엄청난 양이다. 이 26톤의 금은 조선이 가지고 있던, 그러나 찾아 쓰지는 못했던, 잠재적 국가 역량이었다.

이 26톤이 일본에 미친 영향도 가늠해볼 만하다. 이렇게 조선의 금을 열심히 가져간 결과, 일본은 1885년 최초의 일본 중앙은행권을 발행하는 등 자국 통화의 금본위제를 확실히 할 수 있었다. 금본위제란 자국의 화폐를 금에 직접 연결하는 것으로, 예를 들면 1엔은 금 1.5g의 가치이며 엔을 가져오면 금으로 교환해준다는 식으로 정하는 제도다. 이렇게 자국 화폐 가치를 금에 묶어놓으면 그 나라의 화폐는 국제적으로 높은 신용도를 갖게 된다.

일본의 금본위제는 1871년에 시작되긴 했지만, 1876년 조선을 개항시키기 전까지 일본이 만들 수 있었던 금화는 5,100만 엔을 넘지 못했으며, 이 금화들 가운데 다수를 이미 외국에 이런저런 지불을 하느라 썼기 때문에, 일본 내에 남은 금화는 그 절반도 안되는 2,200만 엔에 미치지 못했다.* 금으

---

* Garrett Droppers, "Monetary Changes in Japan," *The Quarterly Journal of Economics* 12, 1898, pp.153~185.

로 환산하면 일본 국내에 남아 있던 금은 37.5톤가량이다.

그런데 최소 26톤의 금을 조선에서 더 들여왔으니, 일본은 신용 높은 금화를 더 많이 만들어서 세계 시장에서 무기든 기계든 원료든 얼마든지 사올 수 있었고, 이는 일본 경제가 기존 금 보유량 대비 최소 69% 이상 조선의 금을 바탕으로 추가 성장했음을 의미했다$26 \div 37.5 \times 100 \fallingdotseq 69.3$. 개항기 조선 금만으로 경제 규모가 69% 커진 것이다. 1876년 개항에서부터 자료 마지막의 1904년까지, 일본은 조선의 금으로 30년간 알짜 성장을 누릴 수 있었다.

결국 일본의 적극성과 대조되는 조선 조정의 수동성이 조선의 남은 힘까지 빼서 일본에 보태는 최악의 결과를 가져왔다. 개항 직후 외국의 간섭이 들어오는 상황이 조선 정부에게 불리했던 것은 사실이었으나, 정부의 미적지근한 대응으로 묻혀 있던 잠재력까지 잃고 오히려 침략자에게 힘을 얹어준 꼴이 되었으니 아쉬울 따름이다.

제2부
침략기

7 탐관오리들의 역할

어떤 나라가 망할 때에는 흔히 그 이유를 내부에서 찾곤 한다. 가령 "국민들이 사치하고 방탕했다"라든가, "정치가들이 서로 싸우느라 민생을 살피지 않았다" 또는 "위아래가 전부 부패해 나라가 제대로 돌아가는 구석이 없었다" 등등. 이러한 평가는 사실인 경우도 많지만 침략 세력이 자신들을 정당화하기 위해 써먹는 사례도 많다. 일본 또한 조선을 삼킨 다음, 조선은 원래 망할 수밖에 없었다는 예시를 열심히 찾아내서 선전하곤 했다.

조선의 경우는 어떠했을까? 말기의 조선이 부패한 나라였다는 것은 일단 부인할 수 없는 사실이다. 당장 개항기에 일어난 굵직한 사건들, 예를 들면 군인들의 반란인 임오군란[1882년]이나 전국적인 농민 반란인 동학농민운동[1894년] 등의 시작은 모두 관리들의 횡포에 대한 분노였다.

그런데 조선이 워낙 부정부패가 심한 나라였기 때문에 일본 앞에서 알아서 쓰러졌다는 결론은 앞뒤가 바뀐 해석이다. 우선 관리들의 부정부패가 없다가 개항기에 갑자기 생긴 것이 아니었다. 대표적인 조선 말기 부정부패의 상징이라고 불리던 은결隱結에 대해 알아보자. 은결이란 숨겨진 농지라는 뜻으로 조정의 장부에 기록되지 않은 토지를 말한다. 기록에 없으니 당연히 세금도 안 냈다. 따라서 이런 은결에서 나온 생산은 은결을 가진 지방 유력자의 주머니로 들어갔다. 은결을 계속 장부에서 빼놓기 위해 지방 관리들에게 접대하는 비용이 들고, 관리들은 그 보답으로 계속 눈감아주는 등 부패의 온실로 통했다.

이 은결이 조선 말기에 어느 정도였는지 보여주는 유길준兪吉濬, 1856~1914의 기록이 있다.* 『서유견문』西遊見聞을 쓴 개화파의 그 유길준 맞다. 고종 밑에서 내무부 대신을 했기 때문에 조선 조정에서는 가장 자세한 정보를 가졌던 사람 가운데 하나였다. 우선 임진왜란 전1592년 선조대의 기록을 보면 조선의 경작 면적이 151만 5,500결이라고 기록되어 있는데, 1882년

* 유길준, 「지제의」(地制議), 『유길준 전집: 정치경제 편』, 1891, 142쪽.

고종 대에는 134만 8,243결이었다.* 그렇다면 조선 말의 조정은 300년 전의 정부보다도 수입이 못했다는 말이 된다.**

임진왜란과 병자호란 등 외국의 침입을 여러 번 거친 까닭에 국토가 황폐화된 부분도 있었지만, 농지가 줄어든 가장 큰 원인은 은결이었다. 유길준은 실제 경작지가 250만 결이 넘는다고 추정했다. 이 추측은 약 30년 후에 일본이 실시했던 토지 조사 사업에 의해 확인되는데, 조사를 하고 보니 유길준이 예상한 것보다도 10%가량 더 많았다. 따라서 조선 조정의 장부에 있는 134만 결의 농지 말고도 거의 같은 수의 농지가 세금 장부에서 빠져 있었다는 말이다. 자원이 모여서 생산적인 부분에 집중이 되어야 성장이 이루어지는 것인데, 중간에 이놈 저놈 떼어먹기 바쁜 모습이다.

나라가 먹히느냐 마느냐 하는 위기 상황에 그런 부정부패가 많이 있었다는 사실은 안타깝긴 하지만, 은결이 내내 없다

* 한국민족문화대백과사전에 의하면 1결은 인조 시대를 기준으로 1만 809제곱미터로서, 약 1헥타르가 된다. 1헥타르는 대략 현대 축구 경기장만 한 넓이로서, 약 20명이 1년 먹을 쌀 6,000kg을 생산하는 것이 가능하다(2020년 생산력 기준 ―kosis.kr 참조).

** 농업 생산력이 높아져서 부족분을 메꿀 수도 있지만, 말기의 조선은 농업 생산력이 청·일 등 주변국에 비해서 많이 뒤떨어진다는 평가를 받곤 했으니 그럴 가망성은 높지 않다.

가 조선 말기에만 생겨난 것 같지는 않다. 다음은 정약용[丁若鏞] 의 『목민심서』[牧民心書]의 한 대목이다.

　은결은 나날이 늘고, 궁궐 소유지와 군대 소유지도 나날 이 늘어난다. 그리하여 세금을 내는 토지는 갈수록 줄어드 니 장차 이를 어찌할 것인가. …한 마을의 비옥한 땅은 은결 로 돌려지고, 황폐한 곳이 장부에 올라 세금을 내는 땅이 되 는 관습이 당연한 듯이 수백 년을 내려오고 있다. 만약 고을 현령으로서 이 일을 말한다면 어떠한 원망을 살지 알 수 없 을 지경이다.*

나라에 세금 낼 토지는 황폐한 땅으로 메꾸고, 농사가 잘 되 는 곳은 장부에서 빼돌려 지방의 유력자나 왕실 종친, 지방 군 대 등의 소유로 만든다는 것이다. 이런 것이 당연한 듯 수백 년을 내려왔다 했고, 그 지역의 여러 사람의 이권이 얽혀 있어 서 고을 사또가 말도 못 꺼내는 상태라는 한탄이다.

　정약용은 조선 시대 뛰어난 임금들 가운데 하나인 정조[正 祖, 1752~1800]가 발탁한 사람이다. 『목민심서』를 쓸 당시는 정조

---

* 정약용, 『목민심서』, 호전(戶典) 6조 제1조 전정(田政), 1821.

의 아들 순조가 다스리던 시기였는데, 이때 이미 수백 년의 습관이라 했으니 과장법을 감안하더라도 정조 치세에도 은결이 많았다는 소리밖에 안 된다. 훌륭한 군주가 다스리고 있었어도 부정부패가 뿌리 뽑힌 적은 없었다는 말도 된다. 정조 스스로도 일기장인 『일성록』에 이러한 일이 벌어지고 있음을 기록하기도 했다.

> 지방의 유력자들이 토지를 겸병兼幷해 좋은 땅을 다 자기 것으로 하니 가난한 백성들이 먹고살 길이 막막하다.*

사실 부정부패가 있어도 이를 상쇄하고도 남을 만큼 자원이 넘쳐나면 발전이 가능하다. 유럽이 열강이 될 만큼 급격한 발전을 이룬 것은 아메리카 대륙을 공략하면서 얻은 자원이 흘러들어왔기 때문이며, 일본만 해도 세계 경제를 뒤흔들 정도의 은 생산을 해냈던 이와미 은광 등 자원이 많았다.** 조선은 딱히 자원이 많지도 않았고, 농업 생산도 그저 그랬으며, 국제 무역을 하려 해도 기회가 없었다. 유럽이 아메리카 대륙

---

* 『일성록』, 정조 23년(1799년) 3월 22일.
** 이와미 은광이 개발된 데에는 조선에서 발견된 은 제련법이 결정적인 역할을 했다. 정작 조선에서는 기술을 개발해놨어도 쓸 수 있는 은광이 별로 없었다.

을 어떻게 공략했는지 조금이라도 아는 사람이라면 한 문명이 발전한 것이 도덕적으로 우월하고 부패를 척결해서라는 말을 할 수가 없다. 어떤 인종이나 나라가 도덕적으로 조금 더 못했다고 해서 반드시 망하지는 않으며, 그 발전상은 주위의 환경에 훨씬 많은 영향을 받는다.*

은결만 하더라도 '민간 주도의 자본'이라고 거창하게 포장할 방법이 있으며, 실제로 조선 후기에는 은결 위주로 많은 땅을 몇몇 유력자들이 한꺼번에 경작하는 '기업형 농업'이 이루어지기도 했다. 이들이 농장에서 얻은 수익으로 투자를 더 많이 하고 사람을 더 쓰면 소위 경제 발전이 이루어지고, 그 정도까지 되면 부패라고 부르기도 뭣한 상황이 된다.

여기에 더해 조선 말기 벼슬을 사고파는 매관매직賣官賣職 현상을 두고 부패한 조선 조정이라 비난하긴 하지만, 식민지 제국을 건설한 영국도 매관매직을 했다. 당장 나폴레옹의 호적수였던 아서 웰즐리Arthur Wellesley, 웰링턴 공작도 돈을 마련해서 군 지휘관 자리를 산 것이다. 조선이 개항하기 20여 년 전인 크림전쟁에서도 영국군 지휘관들은 돈 주고 자리를 산 사람들이

▌ *이러한 관점으로 서술된 책에는 재레드 다이아몬드(Jered M. Diamond), 김진준 옮김, 『총, 균, 쇠』(*Guns, Germs, and Steel*)가 있다.

었다. 물론 부정부패를 옹호하거나 권장할 이유는 전혀 없다. 크림 전쟁에서 영국군 지휘관들이 자신들의 무능함을 온 세계에 떨치며 수많은 병사들을 헛되게 죽게 만든 이후에야 영국의 매관매직 제도는 사라진다.

부정부패가 심해지면 결국 죽어나는 것은 권력도 돈도 없는 일반 백성들이다. 견디다 못한 백성들은 민란의 형태로 저항할 수밖에 없는데, 우리는 민란이 개항 후에 유독 집중되어 있다는 사실을 발견한다. 다음은 개항 이후 동학농민운동1894년 전까지 민란이 일어난 곳과 그 시기를 모은 것이다.

<표-5> 개항기 민란 추이*

1880~84	1885~87	1888~90	1891~93
장련·동영·원주·광양·고성·예천·개성·합덕·성주·서울(임오군란)	여주·귀산·영여	초산·수원·정선·성창·덕원	제주·랑천·철도·중화·함여·회녕·황간·익산·함종·철원
총 10건	총 3건	총 5건	총 10건

* 김준보, 「개항기 농업공황의 양성과정」, 『사회과학』 제1권, 고려대학교 정경대학문집, 1972.

민란이 개항 이후에 터져 나온다는 것은 개항과 더불어 백성들의 삶이 견디지 못할 수준으로 떨어져버렸다는 점을 의미한다. 우리는 이미 앞에서 개항이 조선에 물가 폭등과 화폐 가치의 붕괴, 금의 유출 등을 가져왔음을 보았다. 조선 사람들 대다수는 이러한 변화에 따른 피해를 겪고 있었다. 특히나 식량 가격이 치솟아버렸기 때문에, 조선 사람들은 글자 그대로 먹고살기 힘들어졌다.

쌀값의 상승은 비례로 다른 모든 곡물 가격을 올려놓았다. 수세기 동안 자급자족적 생활을 해왔던 조선인과 같은 미발달한 국민은 어떠한 변화도 달갑게 생각할 수 없다. 즉 생존을 위해 보다 더 격렬한 투쟁을 해야만 하는 그러한 변화를 달갑게 생각할 수 없다. 서울의 집값은 12개월 전보다 2배로 올랐고, 외국과 통교하게 된 초기에 비하면 5배나 올랐다.*

미발달한 국민이라는 대목이 거슬리긴 하지만, 나라 경제가 엉망이 되었기 때문에 모두가 생존을 위해 보다 더 격렬한

* *British Consular Reports*, Foreign Office, Annual Series, 1894, No. 1088.

투쟁을 해야 한다는 진단은 정확하다고 볼 수 있다. 그나마 어느 정도의 권력을 가지고 있던 조선인들은 자기보다 못한 지위에 있는 사람들을 이용해서 살아남고자 했으니, 부정부패가 심해지고 탐관오리들의 행패가 더 눈에 띄게 된 것은 자연스러운 순서였다.

개항된 지 6년 만인 1882년에 일어난 임오군란 또한 같은 맥락이었다. 군인들의 봉급이 1년 넘게 밀린 와중에 봉급을 준다고 가보니 관리들이 쌀에 모래와 겨를 섞어서 빼돌린 것이 아니겠는가. 이에 군인들이 분통을 터뜨리면서 난리가 시작되었다. 관리들의 행동이 잘한 짓은 절대 아니지만, 당시 조선에는 일본의 유출로 인해 쌀이 귀해졌고, 이런 상황은 관리들에게 더 큰 유혹을 제공했다고 할 수 있다.

대원군의 집권시대에는 그런 일이 없었다. 아마 쌀을 속일 필요도 없었을 것이다. 그런데 개항 이후는 사정이 달라졌다. 그것은 일본과의 무역이 왕성해졌기 때문이다.*

어려워진 시기, 고을의 수령급 이상은 저마다 자기 권력을

* 야마베 겐타로, 『일본의 한국 병합』, 1966, 49~50쪽.

이용해 손해를 메꾸려들었다. 갖가지 구실을 붙여 백성들에게 정해진 세금보다 더 뜯어내곤 했다.

　요즈음에 관리가 세율을 더하는 일을 자행해, 30~40량까지 무단으로 세금을 더 거두는가 하면, 진주에서는 100여량이나 더 거두는 학정虐政을 하며….*

다음 기록은 더 황당하다.

　근래에 법의 기강이 해이해, (조정에서) 수령을 지도하나 말을 듣지 않아 폐단이 되어, 세금 징수가 엉망이 되었다.**

위에서 내려오는 명령도 무시하고 제멋대로 세금을 걸었다는 기록이니, 이쯤 되면 중앙 정부가 허수아비라고 보아도 무방할 지경이다. 만일 정식으로 공무원 시험인 과거를 치르고 들어간 수령이라면 저런 식으로 나오긴 힘들었을 것이다. 돈 주고 수령 자리를 산 자라고 생각된다. 내가 산 것이니 내 맘대로 거둘 권리가 있다고 생각하지 않고는 나올 수가 없는 반응이기 때문이다. 고종이 사비를 마련한답시고 돈 받고 관직

* 『일성록』, 고종 17년(1880년) 11월 11일.
** 『승정원일기』, 고종 15년(1878년) 10월 12일.

을 판 업보라고도 할 수 있겠다.*

그런데 그렇게 마련한 돈으로도 나날이 오르는 물가를 감당하기는 어려웠다. 왕의 첩실마저 빚더미에 앉아 있었다.

수십 년 내로 물가가 유례없이 오르고, 쓸 것은 많아 제가 진 빚이 다 합해서 10여만 냥이요, 그동안 제 개인 돈으로 메꾼 금액만 67만 냥에 이르러 저희 집도 파산할 지경이라, 더 이상 씀씀이를 계속할 수 없습니다.**

지방의 유력자들은 농민들이 어려워진 기회를 틈타 땅까지 빼앗곤 했다.

지방 유력자들이 농민들의 농토를 빼앗는 폐단이 나타나고 있으니 이를 엄히 금할 것….***

그러나 조정이 고을 수령도 제어하지 못하는 상황에서 이런 명령들이 얼마나 효과적이었는지는 알려져 있지 않다.

* 『매천야록』에 "벼슬을 팔고 과거를 팔았다"라고 기록된 것처럼 고종의 매관매직 사례가 여럿 실려 있으며, 외국 외교관들도 같은 문제를 수차례 언급한 바 있었다.
** 『비변사등록』(備邊司謄錄), 고종 19년(1882년) 1월 8일(장여고 귀인이 호소한 내용).
*** 『승정원일기』, 고종 23년(1886년) 12월 4일.

위에서부터 자기 몫을 챙기는데 중간 관리자만 깨끗할 수는 없었다. 지방 아전이나 경리들도 자신의 주어진 조건을 십분 활용해 한몫 챙기곤 했다.

지금 재정이 어려운 것은 비단 흉년에 따른 세금의 감소뿐 아니라, 아전이나 경리들의 농간에도 이유가 있다.*

아무 지위나 권력이 없는 백성들만 피해를 뒤집어쓸 뿐이었으니, 민란이 수십 차례 터져나오고 동학농민운동으로까지 이어진 것은 당연한 결말이었다.

동학 농민군이 외친 탐관오리를 처단하라는 구호는 당연해 보이지만, 외국 상인들의 횡포를 막아달라는 내용 역시 눈에 띈다. "외국 상인들의 쌀 매입을 방지해달라" 또는 "각 항구에서 사사롭게 곡물을 유출함을 엄금하라"** 등의 대목이 그것이다. 농민군 역시 이 모든 어려움에는 외국의 경제적 침입이 적지 않은 역할을 했다는 점을 알았던 것이다. 임오군란이 일본에 대한 반대 운동으로 번진 것과 같은 맥락이다.

동학농민운동 이전부터도 농민들이 일본의 침략을 문제

* 『승정원일기』, 고종 14년(1877년) 1월 9일.
** 한우근, 「동학군의 폐정개혁안 검토」, 『역사학보』 23집, 1964.

로 인식했다는 기록이 있다. 바로 크고 작은 민란 중에 발견된 "모두 일어나 왜놈들을 물리치자"거의벌왜擧義伐倭라는 구호다.*
농민들의 이러한 통찰은 조선에서 일어난 농민 반란들이 탐관오리에 대한 반발에서부터 일본에 대한 독립운동으로 점차 바뀌어가도록 했다.

정리하자면 조선의 부정부패가 심했던 것은 사실이나, 그것이 결정적인 요인이 되어 일본의 침략을 허용했다기보다는 일본의 침략이 조선의 부정부패를 더욱 키웠던 것이다. 외국의 침략 때문에 경제가 망가져 다 같이 힘들어진 상황에서, 나하나라도 살아남으려고 조선 사람들끼리 서로를 밟고 오르려는 일이 벌어졌다. 좁은 방 안에 먹을 것 없이 동물들을 가둬놓으면 서로 싸우게 되는 것과 비슷하다. 그렇다고 탐관오리들의 악행이 정당화될 수 없음은 당연하고, 이를 제대로 통제하기는커녕 조장하기까지 했던 조선 조정이 잘한 것도 없다.

만일 관리들이 부정부패를 줄이고 희생하는 미덕을 보였다면 조선의 상황이 나아졌을지 상상해볼 수도 있으나, 그저 상상일 뿐이다.

* 『일성록』, 고종 18년(1891년) 11월 6일.

8 세금을 모두 돈으로 내면 개혁인가

일본 상인들은 개항 초기에 조선에서 쌀이나 금을 강제로 빼앗듯이 구입해 일본 시장에 비싸게 팔았다. 약탈에 버금가는 이 방식에 조선 백성들의 반발이 컸고, 이를 억누르려면 추가로 경찰이나 군을 동원하는 비용이 들었다. 이런 방식으로 얻을 수 있는 수익은 계속되기 어려웠다. 조선 사람들은 계속 가난해졌고 죽지 못해 민란을 일으키는 상황이었으니, 이들을 상대로 더 빼앗을 것도 남아 있지 않았다.

이럴 때 다른 서구 열강이 쓰는 방법은 식민지를 만들어 직접 경영에 뛰어드는 것이다. 식민지를 일종의 생산 공장으로

1876년	1882년	1894년	1895년
조선의 개항 (강화도 조약)	임오군란 (군인들의 난)	동학농민운동 (일본군의 경복궁 점령)	청일전쟁 (청나라의 영향력 상실)

만드는 방식이다. 만일 일본이 조선의 땅에서 조선 사람을 일꾼으로 부리며 쌀 등을 생산한 다음 일본에 가져다 파는 사업을 벌이면, 조선 정부를 윽박질러가면서 밀무역 비슷한 장사를 할 필요가 없었다. 일본 정부로서도 마음이 급했다. 다른 강대국들은 식민지를 만들어 본격적인 경영으로 지속적인 수익을 내는데, 이들을 한시바삐 따라잡아야 살아남을 수 있는 일본은 그때까지도 상인들을 보내어 이익을 뜯어내는 간접적인 방식에 그치고 있었기 때문이다.

이 당시 일본에게 가장 큰 걸림돌은 청나라였다. 우리는 앞에서 청나라 상인 역시 일본 상인들과 경쟁하며 한창 조선 사람들을 상대로 남는 장사를 하고 있었음을 본 바 있다. 당연히 청나라도 이런 이권이 위협받는다면 군대를 보낼 확률이 높았다. 아편 전쟁의 패배 등으로 휘청거리던 청나라에게 조선은 몇 남지 않은 해외 수입원 가운데 하나였기 때문이다. 더구나 금 매입 등에 있어서는 일본보다도 많은 수익을 올리고 있었으며, 임오군란을 청나라 군대 주도로 수습했기 때문에 조선 조정에 대한 영향력은 청나라가 일본보다 더 강한 상황이었다. 따라서 일본이 조선을 완전히 자기 것으로 만들려면 청나라부터 쫓아내는 것이 순서였다. 이 와중에 일어난 동학농민운동은 일본에게 절호의 기회였다.

동학농민운동이 일어난 시점을 보면 무슨 거창한 이념이나 종교적인 신념이 아니라, 먹고살 수 없다는 원초적인 문제가 자리 잡고 있었음을 알게 된다. 동학농민운동이 일어나기 2~3년 전 조선에 대풍년이 들었고, 쌀이 많아지자 백성들도 조금은 끼니를 때울 수 있었다. 이때 일본은 흉작이었기 때문에 쌀값이 올랐고, 일본 상인들과 조선의 지방 관리들은 쌀을 해외에 열심히 내다팔아 수익을 챙겼다.

그런데 다음 2년간 조선에 흉작이 들고 일본은 풍년이었기 때문에 조선에 쌀이 부족해졌는데도 한 번 일어나기 시작한 쌀의 유출은 줄어들지 않았다. 조선은 돈이 없으니 굶어 죽는 사람이 나오든 말든 쌀을 팔아도 별로 수익이 나지 않았다. 일단 판로를 개척해놓았으므로 값은 예전처럼 못 받아도 일본에 쌀을 갖다 파는 게 이익이었다.*

영국 영사관이 본국에 보고한 다음 자료를 보면 이 점이 명확하다. 1889년과 동학농민운동 직전 흉년이 든 1893년을 비교하면, 흉년으로 줄었다고 해도 여전히 1889년 대비 5배가

---

* 나중에는 일본에서 역으로 쌀을 수입하는 경우가 드문드문 나오곤 했다.

넘는 쌀이 유출되고 있었다. 이때 조선에는 먹을 쌀이 없어서 조정이 전국적인 규모의 방곡령을 내릴 정도였는데도 말이다.

<표-6> 개항기 조선에서 일본으로 유출된 곡물량*

연도	쌀(영국 파운드£ 기준)	콩(영국 파운드£ 기준)
1887	15,012	55,902
1888	3,454	74,660
1889	11,627	97,194
1890 (조선 풍년)	339,645	197,526
1891 (조선 풍년)	303,387	152,123
1892 (조선 흉년)	147,778	119,683
1893 (조선 흉년)	56,628	79,881
1894 (동학농민운동)	121,015	51,531
1895	111,371	101,793

『한국지』 역시 이러한 변화를 서술하고 있다.

1890년과 1891년은 조선에 큰 풍년이 들었으나 일본에는 흉작을 봄으로써, 조선의 무역액이 약 2배로 증가했지만, 다음 2년간에 있어서 그 사정은 변화했다. 즉 1892년과 1893년에는 비바람으로 인해 조선은 흉작인데다 특히 비옥

* *British Consular Reports*, Foreign Office, Annual Series, 1894, No. 1088.

한 남부지방에 피해가 많았기 때문에, 정부는 1892년 11월 방곡령을 공포할 수밖에 없게 되었다.*

결국 굶주림을 견디다 못한 농민들이 들고일어난 것이 1894년의 동학농민운동이다. 농민군이 봉기하자 고종은 큰 실책을 저지른다. 외국군을 끌어들여 난을 진압하려고 한 것이었다. 여러 연구자들이 『승정원일기』 『실록』 등을 대조하며 고종이 청나라 군대를 불러들였음을 고증하고 있다.** 세상 일에 공짜가 없을진대, 외국의 군대를 불러 국내 문제를 해결해놓고 내 나라가 그때부터 외국의 간섭 없이 잘 돌아가기를 바란다면 그야말로 도둑놈 심보다. 신하들은 청나라가 조선에 파병하면 일본도 파병할 수 있다는 점을 들어 반대했으나,*** 고종은 청나라가 일본도 어떻게든 해주겠지 하는 헛된 상상을 하고 있었다. 청나라 상인들이 조선에 어떤 횡포를 부리고 있는지 뻔히 알고 있으면서도, 그 청나라에 기대어 위기를 쉽게

* 러시아 제국 대장성, 『한국지』, 1905, 139쪽.
** 예를 들면, 엄찬호, 「청일전쟁에 대한 조선의 대응」, 『한일관계사연구』, 2006; 신영우, 「1894년 왕조정부의 동학농민군 인식과 대응」, 『한국근대사연구』, 2009 등.
*** 조선·청·일 간의 여러 조약을 기반으로, 청나라가 조선에 군대를 보내면 일본도 거의 자동으로 군대를 보내도록 되어 있었다.

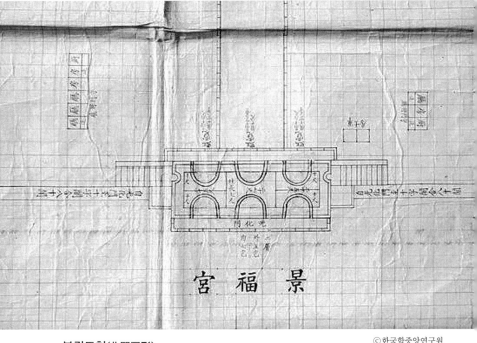

북궐도형(北闕圖形)

경복궁과 경복궁의 후원을 배치도 형식으로 표현한
일종의 도면이다. 1865년(고종 2) 흥선대원군이 중건한 뒤인
19세기 말에 제작된 것으로 추정된다.
1첩으로 되어 있으며, 크기는 55×37cm이고,
폈을 때의 전체 크기는 280×432cm에 이른다.

넘길 생각만 했던 것이다. 아마도 임오군란 때 청나라 군대가 들어와 정권을 되찾은 기억을 떠올렸던 것 같다. 이때 만일 고종이 파병을 요청하지 않았다면, 조선에 대한 외국의 직접적인 간섭을 조금이라도 늦출 수 있었을 것이다.

일본은 이 파병 요청을 신이 내린 기회라며 반겼다. 이 당시 일본은 국회의원들이 덴노天皇, 천황에게 총리인 이토 히로부미를 비판하는 문서를 넣고 총리는 그 반격으로 국회의 하원 격인 중의원을 해산시켜버리는 등 나라꼴이 엉망인 상황이라 돌파구가 필요했던 참이었다. 일본은 청나라가 약해졌다는 것을 잘 알고 있었고, 힘으로 조선에서 청나라를 밀어내야 일본이 더 클 수 있다는 점에서는 정치계의 뜻이 일치했다.

따라서 청나라가 군대를 보내자마자 일본도 곧바로 병력을 투입했다. 두 나라의 군대가 나란히 상륙하는 지경에 이르러서야 심각성을 알게 된 조선 정부는, 농민군과 급히 평화조약을 맺고全州和約, 전주화약 두 나라의 군대에게 다시 돌아가줄 것을 요청했다.

농민군과 평화조약을 맺은 데에서도 보이지만, 조선 조정 스스로 좀 양보하면 일단 급한 불은 끌 수 있었던 난이었다. 그것을 청나라 군대로 해결한다고 꼼수를 부리다가 일본군까지 불러들였던 것이다. 여기서 "이제 평화조약 맺었으니 돌아가주세요" 한다고 안방까지 들어온 배고픈 늑대가 순순히 돌아갈 리 없었다.

그해 6월, 상륙한 지 한 달 조금 넘긴 때에 일본은 아예 경복궁으로 쳐들어가 고종을 사로잡아버린다. 재정난으로 군대 월급도 밀리기 일쑤였는데, 그나마 있던 군대도 동학농민운동을 진압한다고 지방에 내려보내서 경복궁은 일본군에게 너무나 쉬운 목표가 되어 있었다. 외국군이 얌전히 동학농민운동 진압만 해주고 돌아갈 것이라고 믿은 순진함의 대가였다.

일본은 경복궁을 점령하고 왕을 사로잡았지만, 곧바로 조선을 식민지로 만드는 등의 급격한 방법은 쓸 수 없었다. 즉시 합병했다가는 조선 사람들의 거센 반발을 불러일으킬 것이었고, 반발을 누르기 위해 대규모의 군대를 추가로 파견할 병력은 모자랐다. 게다가 청나라와 한판 붙으려고 각오하고 들어온 이때에 그런 짓을 해서 전력을 분산시킬 수도 없었다. 그래서 일본은 친일파 대신들을* 요직에 앉혀 허수아비 내각을 만들고 이들을 통해 개혁이라는 명목으로 일련의 정책들을 실

---

* 아직 일본이 조선을 완전히 식민지로 만드는 단계가 아니었기 때문에, 나중에 한일합병이 된 이후의 친일파와는 조금 다르다.

시한다. 이를 갑오개혁 또는 갑오경장이라고 부른다. 개혁이라고는 하지만 결국 목적은 일본이 조선에서 더 많은 이익을 볼 수 있도록 길을 닦는 것이었다.

이 정책들 가운데서 조선 경제에 가장 큰 영향을 끼친 (그러나 생각보다 주목받지 못하는) 항목을 들자면, 세금을 모두 화폐로 내도록 한 점을 들 수 있다. 개항기 조선에서는 세금의 25%만이 화폐로 걷어지고 있다고 했는데, 이것을 100%로 바꾸었다. 모든 것을 화폐로 지불하는 이 시대의 우리 관점으로는 이 일이 무슨 문제가 있냐고 반문할지도 모르고 오히려 개혁 같다는 생각을 하기도 한다.

역사에 조금 관심이 있는 사람은 대동법大同法에 대해 알고 있을 것이다. 조선 중기까지의 세금은 쌀을 내는 것 외에 지방 특산품이나 노동력을 제공하는 비율도 컸다. 그런데 이 특산품과 노동력 납부 과정이 복잡해 지방 관리·유력자·상인들이 중간에 가로채는 부분이 너무 많아져 문제가 끊이지 않자, 조선 후기에 모든 세금을 쌀로 바꾸었으니, 이를 대동법이라 한다. 이권이 얽혀 있었기 때문에 불만을 다 쳐내고 전국적으로 대동법을 실시하는 데만 수백 년이 걸렸고, 대동법의 실시는 조선 세금 제도의 큰 개혁이라 불릴 만했다. 그렇다면 이제 세금을 100% 화폐로 바꾸면 보다 나아진 것 아닌가 하는 의문이 들 법하다. 그러나 이 금납화金納化는 일본이 치밀한 연구와 계획 끝에 만든, 일본을 위한 정책이었다.

세금을 돈으로 바꾼 첫 효과로, 조선에서 세금을 내기 위해 결제용으로 쓰이던 쌀이 판매용으로 시장에 나오게 되었고, 이 여분의 쌀은 일본 상인들이 매입해 일본 시장에 팔아 이윤을 남겼다.

> 청일전쟁 때에 세금을 쌀로 내지 않고 돈으로 내도록 했기 때문에, 예전에 서울로 보내어 창고에 보관하던 막대한 곡물을 현금화하기 위해 거의 전부를 수출하므로, 수출무역은 한층 활기를 띠게 되었다.*

여기에 더해서 개항 이후 조선의 화폐는 일본인들의 투기와 위조 등에 놀아나고 있었으므로, 일본은 세금을 화폐로 내게 함으로써 조선의 세금을 손아귀에 넣게 되었다. 극단적으로 말하면, 일본이 조선 돈을 구해서, 즉 위조하든지 시세조작으로 헐값에 사들이든지 해서 조선 조정에 주면 나라 창고에

* 러시아 제국 대장성, 앞의 책, 142쪽.

보관 중인 물건들을 가져가도 된다는 말이다. 뒤에서 설명하겠지만, 이미 동학농민운동이 일어나기 몇 년 전부터 일본은 조선의 전환국典圜局, 화폐를 찍어내는 곳을 장악한 상태였다. 전환국이 일본에서 빌려온 돈과 일본 기술로 일본인 기술자들을 고용해서 운영했기 때문이다.

외국 화폐로 세금을 내도 된다는 규정도 보이는데, 당시 조선에 제일 흔한 외국 화폐는 일본 엔화였다. 이것은 일본인들이 조선 돈을 조작하는 것조차 번거로워한다면 '엔화 비슷한 것'을 만들어서 조선 조정에 있는 물건들을 가져갈 수 있다는 뜻이다. 나중에 이 '엔화 비슷한 것'이 정말로 등장했다. 일본의 제일은행 조선 지점이 발행한 제일은행권이다. 즉, 제일은행 조선 지점은 일개 은행에 지나지 않는데도 필요하면 돈을 직접 만들어서 조선의 세금을 가져올 수 있는 매우 편리한 위치에 있었다. 결국 나라 돈을 스스로 관리하지 못했던 조선 조정은 세금으로 거둔 물건들이 일본인들에게 줄줄이 새어나가는 상황을 맞았다. 강홍대康洪大가 1903년에 상소를 올렸다.

갑오경장1894년 이후로 나라 안팎이 매우 어지러워져서 오늘날의 위기에 이르렀는데 우선 첫째로 세금 제도가 잘

못되어 국민의 어려움이 큽니다. …그때에 쌀 1두의 가치가 고작 1냥이어서 세금을 거기에 맞추었는데, 법에 정한 세금 액수는 변하지 않고 쌀값은 매년 오르락내리락하니 둘이 맞지 않게 된 지가 오래입니다. …요 몇 년 사이에 나라의 손해가 몇천만 원인지 알 수 없나이다.*

쌀 가격에 비례해서 세금을 조절할 수 있게 하거나 화폐의 가치가 떨어지지 않게 해야 하는데, 둘 다 못했으니 조선 조정에 손해가 막심하다는 이야기다. 왜 세금이 전부 화폐로 바뀐 뒤에 조정에 손해가 났을까. 앞서 본 바와 같이 조선은 외국 상인들의 농간으로 인해 하루가 다르게 인플레이션이 심화되어 쌀값이 오르고 화폐 값어치는 떨어지고 있었는데 쌀 대신 화폐로 모든 세금을 받았기 때문이다.

조선 조정에서 세율을 올리고 내리는 방법은 일본이 주도한 2차 개혁인 홍범14조로 막혀버리는데, '조세나 세금을 부과하는 것과 경비를 지출하는 것은 모두 탁지아문度支衙門, 국세청에 해당에서 관할한다'고 못박았다. 당연히 탁지아문은 경복궁을 점령한 일본의 통제하에 있었다.

* 유자후, 『조선화폐고』, 1940, 803~805쪽.

조선 돈의 가치가 떨어져가는 게 문제라면, 아예 새로운 화폐를 만들어서 이제부터 잘 관리하면 되지 않느냐 하는 반응도 나올 법한데, 화폐를 새로 바꾸는 문제에도 일본이 깊숙이 관여하게 된다. 이 부분은 뒤에서 더 서술한다.

조정이 관리를 못하니 중간 단계에서 떼먹히기도 했다.

> 세금을 모두 백동화白銅貨로 납부하는 규정이지만 실제로는 엽전상평통보이 귀하고 백동화는 천하므로, 세금을 거두는 지방관, 즉 군수는 반드시 엽전으로 세금을 내게 하고 대신 백동화를 올려 보냄으로써 그 차이를 획득한다.*

지방 관리가 화폐 가운데 그나마 가치가 유지되는 것을 골라, 쓸 만한 엽전은 자기가 갖고 안 좋은 백동화만 세금이랍시고 올린다는 것이다. 그렇다고 중앙 정부에서 뭐라고 할 수도 없는 것이, 백동화는 중앙 정부가 가치를 보장하는 (또는 보장하려고 노력하는) 화폐였던 것이다. 날이 갈수록 조선 조정의 창고에는 먹을 수 있는 용도가 확실한 쌀 대신 무엇에 쓸 수나 있을까 의문이 들 법한 온갖 동전들이 굴러다니게 되었다.

* 가토 스에로(加藤末郞), 『조선농업론』(朝鮮農業論), 裳花房, 1904, 165쪽.

세금을 화폐로 바꾼 것이 조정에만 피해를 입힌 것은 아니었다. 조선 농민들도 피해를 보았다. 이제는 무조건 쌀을 팔아서 현금을 얻어야 세금을 낼 수 있는데, 그 돈 자체를 일본인들이 주무르고 있는 상황이었다. 일본 상인들에게 값어치 떨어지는 돈을 받거나, 세금을 내려고 화폐를 갖고 있다가 투기나 시세 조작에 희생되거나, 위조된 화폐를 받는 등 피해 사례가 속출했다. 앞서 올린 상소에서 강홍대는 어떻게 외국 상인들이 농민의 처지를 이용하는지 추가로 설명한다.

근래에 세금의 납부는 매번 가을이 끝나갈 때 내도록 하고 있습니다. 그러므로 백성들이 세금을 낼 돈을 마련하려면 쌀을 이때 한꺼번에 팔게 됩니다. 이 상황을 아는 외국의 무역상들이 이 시기에 각 항구마다 자리 잡고 쌀을 싸게 사들입니다.*

외국 상인들은 조선 농민들이 돈에 익숙하지 못하다는 사실도 놓치지 않고 이용했다.

일본 상인은 서울·경기 지방에서 크게 가치가 낮아진 백

* 유자후, 앞의 책, 805쪽.

동화를 대량으로 구입해, 그것이 별로 유통되지 않는 지역을 찾아서 액면가를 내세워 쌀을 강제로 사들이는 것이 일반적이었다.*

그래도 대동법을 생각하면 돈으로 세금을 통일했으니 다른 부패는 좀 덜해지지 않았을까 기대할 수도 있으나, 실상은 그렇지 못했다. 돈으로 세금을 받고도 이런저런 명목으로 추가 노동력을 징수하거나—지역 금광에서 공짜로 일하게 한다든지, 관아에서 하는 공사에 무보수로 일하게 한다든지—여러 명목으로 '선물'을 요구하는 경우도 많았다. 이런 불법 과세가 얼마나 흔하면 외국인의 눈에도 잘 보일 정도였다. 이사벨라 비숍의 여행기에는 고종의 다음과 같은 지시가 실려 있다.

> 많은 관공리官公吏에 의해 비합법적으로 각종 구실하에 무력한 민중이 세금을 추가로 빼앗기고 있으므로, 금후 지방 관리는 현재 거두어지고 있는 모든 종류의 비합법적 과세를 조사하고 이를 모두 폐지하라.**

---

* 김준보, 「백동화 인플레이션과 농업공황 기구」, 『사회과학논집』, 연세대학교 사회과학연구소, 1974.
** I.B. Bishop, *Korea and Her Neighbors II*, 1898, pp.284~285.

결국 일본이 주도했던 세금의 금납화金納化가 조선에는 별 도움이 되지 못하고 일본의 배만 채울 뿐이었으며, 관리들의 부정부패는 줄어들지 않았다. 이사벨라 비숍은 다음과 같은 구절로 갑오개혁의 효과를 정리했다.

국정의 개혁이 있었다 하더라도, 여전히 조선인은 뜯기는 자와 뜯는 자의 두 계층이다. 즉 양반에게서 나온 관리 계급 은 국가의 권력을 업은 흡혈귀이고, 국민의 4분의 3에 해당 하는 나머지는 상놈이라고 해서 하층민을 뜻하는 것이니, 그들의 존재 이유를 묻는다면 그것은 흡혈귀에게 피를 공 급함에 있다.*

* *Ibid.*, p.281.

대동법 시행 기념비 비각(1659년)
경기도 평택시에 있으며 경기도 유형문화재 제40호다.

9 조선과 일본의 이상한 합작품 '백동화'

조선의 돈이 일본인들의 투기 및 위조 대상이 되고, 조선에서 돈 대신에 쓰이곤 했던 쌀과 면포에는 문제가 생겼음은 앞에서 서술한 바와 같다. 이제 조선에는 거래를 위해 일본 상인들이 들여왔던 엔화가 공공연히 돌고 있는 형편이었다. 여기에 세금을 모두 돈으로 납부하게 되어 돈의 중요성은 더 올라갔는데, 조선에서 쓰이는 화폐는 일본의 엔화 말고는 믿을 만한 것이 없다는 문제에 부딪혔다.

엉망이 된 조선 화폐 경제를 바로잡으려면 조선 조정이 신용도 있는 돈을 새로 발행해야 했는데, 이는 쉽지 않은 일이었

1883년	1892년	1895년	1905년
당오전 발행 (전환국 설치)	백동화 발행 (신식 화폐 발행)	청일전쟁 (청나라의 영향력 상실)	화폐정리사업 (기존 화폐 교환)

2전5푼 백동화(白銅貨)

앞면(위)에는 이화장과 가지휘장의 중앙에 '二錢五分'(이전오푼)이,
뒷면(아래)에는 '大韓光武二年(대한광무이년), 두돈오푼, 1/4YANG'과
쌍룡문(雙龍紋)이 양각되어 있다.

다. 당시에는 화폐에 신용도가 있으려면 금속 재료의 가치가 뒷받침되어야 했다. 조선의 상평통보가 그나마 가치를 유지했던 것도 구리값 정도는 나왔기 때문이고, 러일전쟁으로 구리값이 잠시 오른 동안에는 위상이 높아지기도 했다. 조선에 매장량이 상당했던 금의 경우, 조정의 수동적인 대응으로 인해 제대로 개발되지 못하고 외국으로 새어나갔음은 앞에서 밝힌 바 있다. 다른 후보인 은과 구리는 원래부터 외국에서 수입하던 금속이었다.

자국에 있던 금도 제대로 활용하지 못했던 조선 조정이 화폐 경제를 다시 세워보겠다는 굳은 의지를 보여준 적은 없다. 오히려 새로운 화폐를 찍어내 잠깐의 주조 차익을 보려는 데에만 급급했다. 주조 차익이란 나라에서 액면가 1만 원짜리 화폐를 만들어 1만 원어치의 물건을 사들이는 과정에서 발생하는 것인데, 화폐의 원가가 100원이면 주조 차익은 9,900원이 된다. 한두 번은 이런 거래가 가능할 수 있어도, 받는 사람들이 화폐의 가치가 실제로 1만 원만큼의 가치를 보장하지 않는다고 의심하는 순간 그 화폐의 가치는 액면가보다 훨씬 낮아진다. 그래서 화폐에 들어간 금속의 가치가 중요했던 것이다. 당장의 주조 차익을 조금 보겠다고 훗날은 생각하지 않고 화폐를 이것저것 찍어냈던 것이 동학농민운동 즈음의 조선 정부였다.

일찍이 애덤 스미스가 지적한 대로, 이런 행보는 파산한 나라가 취하는 전형적인 몸부림이었다.

동서양을 막론하고 '파산국가'는 절박한 재정난을 모면하기 위해 화폐의 명목 가치를 인상하거나 화폐를 새로 찍어낸다.[*]

개항 후 7년이 지난 1883년에 발행한 당오전은 엽전 5개의 가치가 있었다. 그러나 구리가 5배 더 들어간 것은 아니었기 때문에 한 개 발행할 때마다 기대할 수 있는 주조 차익이 훨씬 더 컸다. 다만 주조 차익은 민간에서 높은 가격으로 돈을 받아줄 때까지만 가능한 것이었다. 처음에는 서울·경기 지방의 상인들이나 조정과 거래하는 자들에게 억지로 떠넘겨서 벌이가 조금 되었지만, 화폐 발행의 탈을 쓴 약탈에 가까운 행위에 계속 사람들이 응할 리 없었다. 1890년에는 엽전의 2배 정도의 가격으로 가치가 떨어져버린다.

[*] 애덤 스미스(Adam Smith), 『국부론』(*Wealth of Nation*), 제3편 '공공채권', 1776.

당오전은 많아야 엽전 2,200문$^{엽전 2.2개}$이나 적으면 1,400문$^{엽전 1.4개}$으로 교환되며….*

그래도 몇 년 동안 엽전보다 비싸게 받으며 차익을 조금 거두긴 했으니, 추가로 엽전을 다 대체하고 주조 차익도 거둘 겸, 당일전當一錢도 만들었다. 이름에서 알 수 있듯 엽전과 같은 가치를 지녔다고 주장하는 동전이었다. 그러나 양치기 소년이 되어버린 조선 조정의 화폐 발행에 더 이상 속아주는 사람이 없었다. 애덤 스미스는 이 부분도 이미 예측했다.

(화폐를 찍어내는) 이러한 기만적 요술은 쉽게 간파되고, 동시에 지극히 유해하다.**

당일전의 경우, 적어도 엽전과 가치가 같아야 되는데 새 동전이 엽전보다도 못한 동전이 되어버렸다.

당일전은 1,000문$^{엽전 1개}$이 많아야 750문$^{엽전 0.75개}$, 적으면 450문$^{엽전 0.45개}$과 교환되며….***

* 『조선통상구안삼관무역책』, 1890, 무역정형론.
** 애덤 스미스, 같은 곳.
*** 김윤식, 『운양집』 7-2, 전폐론, 1890년대 초.

같은 숫자의 상평통보로 교환해준다는 보장만 했어도 저 지경까지 되지는 않았을 것이다. 새 화폐들의 가치가 제대로 유지되지 못했던 데에는, 왕실의 외척인 민씨 일가의 부정부패가 관련되어 있었다는 당시 회고록이 있다.

새 화폐들이 제대로 발행되지 못한 것은, 새것과 옛 화폐의 교환비율이 정해지지 못했던 것이 가장 큰 원인이었습니다. 왜 정해지지 못했냐 하면, 옛 엽전을 스스로 만들어서 세금으로 내는 사람들이 있었기 때문입니다. 총리대신 격인 민영준閔泳駿 씨 같은 사람이 평양에서 활발히 엽전을 만들고 있었습니다. 교환비율에 따라 자기에게 이로우면 나라에 해가 되고, 반대로 나라에 이로우면 자기에게 해가 되기 때문에 우물쭈물하다가 정하지를 못했습니다.*

고위 대신이 엽전을 사사로이 만들어서 유통시키고 있었고, 새 화폐를 도입하면 자기 '사업'이 손해를 볼까 봐 주저했다는 이야기다.

나중에는 주조 차익은커녕 민간에 역으로 당하기도 했다.

* 미카미 유타카(三上豊), 전환국 회고록, 『한국경제사문헌』, 경희대학교 한국경제경영사연구소, 1931, 60쪽.

지금 삼남지방, 관동·관서 지방에서는, 관리나 상인들이 당오전을 싼 가격에 사서 세금을 당오전으로 내고 차익을 취하고 있으니 나라가 피해를 보고 있으며….*

나라가 화폐를 발행해놓고 액면가를 지키지 않을 수 없다는 점을 이용해서, 지방 관리와 상인들이 시중에서 싼값에 당오전을 사다가 세금을 당오전 액면가로 냈다는 것이다.

앞서 말한 것처럼 일본인들은 조선 사람들보다 정보가 더 빠르고 자금도 풍부했으므로, 이런 조선 조정의 취약점을 이용해 투기판을 벌였다. 다음을 보면 요즘 증권사의 환율시장 분석에 못지않다.

조선 화폐는 지금까지 옛 엽전을 통용 화폐로 사용했으나, 이제 새 당일전과 당오전 및 은전銀錢, 즉 일·이·삼 세 종류를 발행했으므로 물품의 시세가 크게 변동할 것이라 예상. 당장 옛 엽전의 시세가 엔화 대비 30할에서 24할까지 인하된 것은 그 증거다. 앞으로 더 내려갈 것이 틀림이 없다.**

* 김윤식, 같은 곳.
** 츠치야 타카오, 『시부사와 에이이치 전기 자료』 16권, 1957, 24쪽 (1883년 8월 8일자 편지).

게다가 동전을 새로 만들려면 금속의 재료비뿐만 아니라 기계도 있어야 하고 인건비도 든다. 이 비용도 만만치 않았다.

요새 화폐를 마구 찍어냄의 폐단이 점점 늘어나 물가가 올라 백성들의 생활이 어려운데, 전환국典圜局이 어떤 동전을 만들 것인지에 맞춰 들어간 기계나 공사비 등의 비용만도 이미 수백만을 헤아려 폐단이 적지 않습니다.*

그런데 이 화폐 발행 비용을 일본에서 빌려 왔다는 데 더 큰 심각성이 있었다.

조선 정부는 건축비와 주조 자금 등이 없으므로 마스다 신조增田信三 씨가 건축비로 약 6만 환, 주조 자금으로 25만 환을 융통해서 빌려주기로 했다.**

일본 측에서는 조선 조정에서 이 비용을 갚지 못할 것을 알았지만, 조선 조정을 빚으로 묶어두기 위해 승낙했던 것이다.

마스다增田 씨는 장래를 생각할 때 어떻게 해서든지 일본

* 『승정원일기』, 고종 25년(1888년) 8월 26일, 김병시의 진언.
** 미카미 유타카, 앞의 책, 56쪽.

과 깊은 관계를 맺어두지 않으면 아니된다는 입장에서, 어떤 수단을 쓰더라도 일본 정부가 무슨 명목을 붙여서라도 이 전환국의 건축비의 약간이라도 보조해두는 것이 좋겠다고 생각했다. …마스다 씨는 먼저 오미와大三輪 씨를 동경으로 보내서 일본 정부의 당국자들을 설득시키기로 했다.*

이에 대응해 청나라의 위안 스카이袁世凱는 고종에게 헌책십조문獻策十條文을 보냈다. 그 가운데 한 구절을 보자.

　전환국 등의 시설은, 지금 조선 사정에는 급히 설치하실 필요가 없습니다.**

화폐 문제는 확실히 나라의 중대한 일로서, 주변 나라들까지 끼어드는 문제였던 것이다.

그러나 사태의 심각성을 조선 정부가 별로 깨닫고 있었던 것 같지는 않다. 전환국도 일본에서 빌린 돈으로 만들었고, 돈 만드는 기계도 일본산이었으며, 돈 만드는 기술자나 책임자까지도 일본인을 데려왔다. (앞쪽에 회고록을 쓴 미카미 유타카

* 같은 책, 57쪽.
** 유자후, 『조선화폐고』, 1940, 553쪽.

가 전환국에서 일하던 일본인이다.) 그 결과 일본은 조선의 화폐 경제를 완전히 주무르게 되었다. 일본이 조선의 화폐를 장악했다는 또 다른 증거는, 1892년에 새로 발행하는 조선의 화폐들을 엔화 가치에 맞추고 있다는 점이다.

> 은화 5냥은 일본의 1엔 은화와 같게 하고, 1냥은 엔 20전과 같게, 백동화 2전5분은 엔 5전과 같게, 5전 적동화는 엔 1전 동화와 같게….*

동학농민운동에 이은 청일전쟁으로 일본이 청나라에 비해 조선에서 확실한 우위를 점하는 시점은 1894년 이후인데, 그 2년 전부터도 벌써 화폐 쪽은 일본에게 잡혀 있었다는 말이 된다. 이 때문에 일본은 갑오개혁에 세금을 100% 돈으로 내게 한다는 조항을 자신 있게 집어넣었던 것이다.

1894년 갑오개혁으로 세금을 100% 돈으로 납부하도록 정하자, 조선 경제에서 화폐의 중요성이 더욱 높아졌다. 일본은 자신들의 엔화를 아예 조선의 통화로 만들면 조선 경제를 장악할 수 있었겠지만, 당장 그렇게 하면 반발이 심할 테니 조선

* 같은 책, 529쪽.

조정이 새로운 화폐를 만들도록 부추겼다. 전환국이 빚으로도 기술로도 사람으로도 온통 일본의 영향력 아래 있었기 때문에 조선이 새로운 화폐를 많이 발행해 유통시킨다면 일본이 조선의 경제를 장악하기 쉬워지기 때문이었다.

실제로 갑오개혁의 내용 가운데 세금을 정하는 권한을 조선 조정에서 분리해 경제부인 탁지아문에 위임하는 내용이 있었는데, 전환국은 탁지아문 산하 기관으로 들어갔다. 탁지아문은 일본의 통제하에 있었으므로, 일본은 조선의 세금 징수 권한과 화폐 발행 권한을 가져온 셈이 되었다. 그동안 조선 조정이 세금과 화폐 부분에서 무능을 많이 보여준 탓에 겉으로는 큰 개혁이 이루어진 것처럼 보일 수도 있다.

그런데 새로운 화폐를 많이 만든다는 부분에서는 오랜만에 조선 정부와 일본 정부의 이해가 맞아떨어졌다. 일본은 조선의 화폐 경제를 장악한다는 목적을 달성할 수 있으니 좋았고, 조선 정부는 (나중에 다가올 후폭풍은 애써 외면하고) 당장 화폐를 만들면 주조 차익이 나와서 급한 돈을 당겨쓸 수 있으니 좋았다. 1892년에 시험 삼아 몇 가지 화폐를 만들던 전환국은, 1894년 갑오개혁으로 세금이 100% 금납으로 바뀐 계기에다가 일본의 강한 권유와 투자 명목이라는 자금 지원까지 받

<표-7> 전환국의 화폐 주조량(단위: 원圜, 이하는 반올림)*

연도	5냥은화	½엔은화	1냥은화	백동안화(贋貨)	백동화	적동화	황동화
1892	19,923		70,402		51,853	91,678	889
1893	일시 중단						
1894						35,609	
1895					160,869	179,477	4,221
1896					34,640	284,354	
1897					17,333	28,409	
1898			35,789		348,995	248,305	
1899			62,992		1,281,638	34,202	
1900					2,030,463		
1901		209,745			2,873,830		
1902		705,593		87,298	2,885,904	14,752	
1903				34,115	3,610,190	57,639	
합계	19,923	915,338	169,183	121,413	13,295,715	974,425	5,110

아** 많은 돈을 만들어내기 시작했다.

〈표-7〉에 나오다시피 여러 종류의 화폐를 시도해보긴 했지

* 김광진(金洸鎭), 「이조 말엽 조선의 화폐문제」, 『보전(普專) 학회논집』 제1집, 1934. 미카미 유타카, 앞의 책에도 1892년의 주조량이 나오는데, 이 표에 나온 숫자와 거의 일치한다.
** "화폐 주조에 있어서 일본인이 이것을 일종의 이권으로 간주해 책동했음은 분명한 사실이다"(시카타 히로시, 「조선 근대자본주의의 성립과정」, 『조선사회경제사연구』, 1933, 62쪽).

만, 가장 많이 발행된 것은 백동화白銅貨였다. 은화는 재료가 될 은이 부족해서 비록 도금만 한다 해도 많이 만들기 어려웠고, 백동화가 구리 동전 가운데 제일 액면가가 비싼 것이라 주조 차익이 가장 많이 남았기 때문이다. 즉, 비용 대비 수익이 제일 좋았다. 조선 정부가 화폐 발행을 단순히 주조 차익을 짜내는 수단으로 보았다는 증거이며, 아예 조선 정부의 세금 수입의 상당분이 주조 차익으로 잡혀 있었다는 웃지 못할 사실까지 남아 있다.*

일본인이 보기에도 너무하다고 생각했는지, 다음과 같은 논평이 남아 있다.

조선 정부는 냥·원 단위의 화폐는 만들지 않고, 거스름돈인 백동화만 남발하고 있다. 왜냐하면 백동화는 그 재료가 액면가의 10분의 1 정도의 가치밖에 되지 않아, 조선 정부가 그 차익을 차지하기 때문이다. 요즘1900년대 초 시세로 일본 통화의 10전은 백동화의 18전 내지 20전에 해당한다.**

* 1893년의 재정 세입에는 '주조비 수입'이 예산에서 128만 2,450원으로 잡혀 있었는데 토지세 수입과 거의 맞먹는 액수였다.
** 가토 스에로, 『조선농업론』, 1904, 48쪽.

처음 발행할 때는 백동화 2.5전이 엔화 5전에 맞춰져 있었으니, 백동화의 가치가 유지되었다면 백동화 5전은 엔화 10전이 되어야 한다. 그러나 위 논평에 의하면 백동화 20전이 엔화 10전과 같아졌으니, 백동화의 가치가 4분의 1로 떨어졌음을 알 수 있다.

백동화는 주조 차익이 90%에 달하기 때문에 가치가 4분의 1로 떨어졌더라도 조선 정부에게는 만들수록 이득이 되는 장사였다. 시장이 덜 발달할수록 물건의 가치가 균형을 찾아가는 데 더 오랜 시간이 걸리는데, 이 시간 동안은 남보다 먼저 움직임으로써 차액을 차지하는 사람들이 생긴다.

일본 상인들은 조선에서 제일 빠르게 정보를 접하고 언제든지 엔화로 갈아탈 수 있었기 때문에, 조선 정부의 정책에 희생될 리 없었다. 위에서 서술한 대로 오히려 백동화 투기로 돈을 더 벌어들일 수 있었다. 결국 정보가 어둡고 거래가 빠르지 못한 사람들이 손해를 보았다. 백동화 가치가 떨어진다는 것을 빨리 알아채지 못했거나, 빨리 다른 화폐나 물건으로 갈아타기 힘든 사람들, 즉 조선의 일반인들이었다. 세금이 모두 돈으로 바뀜과 더불어, 이들은 나라에게 주조 차익을 바치는 존재가 되었다.

시간이 조금 지나자 백성들도 자기 살 길을 찾아 백동화를 어떻게든 기피하기 시작했고, 조선의 지방 관리 정도만 되어도 자신의 권한을 살려 백동화의 가치 하락을 이용하곤 했다.

세금을 모두 백동화로 납부하는 규정이지만 실제로는 엽전^{상평통보}이 귀하고 백동화는 천하므로, 세금을 거두는 지방관, 즉 군수는 반드시 엽전으로 세금을 내게 하고 대신 백동화를 올려 보냄으로써 그 차이를 획득한다.*

조정이 이제는 자기가 정한 세금 규정에 묶여서, 되려 지방 관리들에게 이익을 가져다 바치는 처지에 빠진 것이다.

엽전의 경우와 마찬가지로, 일본 상인들은 투기에서 한 걸음 더 나아가 백동화 위조에 적극적이었다. 상평통보는 조선 사람이나 일본 사람이나 위조할 수 있었지만, 백동화는 일본의 최신 기술로 만든 화폐였기 때문에 일본 사람만 위조할 수 있었다. 백동화 위조사업이 매력적이었던 이유는 첫째로 조선 정부가 백동화를 강제로 유통시키느라 세금을 백동화로 걷고 있어서 수요가 확실했고, 둘째로 액면가에 비해 만드는 원

* 같은 책, 165쪽.

가는 많이 낮아 이익이 컸으며, 셋째로 치외법권 운운하던 일본인들에게 조선의 법이 별 효과가 없어 처벌받을 위험도 적었기 때문이다. 조선 정부가 조선 백성들에게서 거두려던 주조 차익을, 이제 일본 상인들이 조선 전체를 상대로 거두게 되었다.

백동화 위조는 발 빠르고 주조 기계를 빼돌릴 만한 능력이 있는 자들이 하는데, 이에 종사하지 않는 자는 바보라고까지 한다. 특히 체류 외국인은 치외법권이 있으므로 한층 편리해 흔히 조선인과 제휴해 이에 종사한다. 더욱 일본에서 백동화를 만들어서 밀수입하는 자 또한 적지 않다.*

외국인들을 제대로 단속하지 못하는 조선 정부의 약점을 파고든 것이다. 아예 대규모로 만들어도 감시하는 관리가 제지하는 일이 별로 없었다. 관리도 뇌물을 받아 한통속이 되었을 것이다. 조선 관리가 단속하기 힘들도록 외국인 전용 종교 시설을 활용하는 모습까지 보인다.

평안도 운산 금광 내에서는 대규모로 백동화를 위조하고

* 시카타 히로시, 앞의 책, 62쪽.

있다. 전환국이 잠시 발행을 멈춘 틈에 더 활발하게 위조한다. 감시를 해야 하는 관리는 이를 알면서도 웬일인지 묵과하고 있다. …그밖에 외국인 성당이나 교회 내에 시설을 차려놓고 위조를 하곤 한다.*

양심적인 관리가 단속하려고 해도 워낙 흔하게 일어나는 터라 역부족이었다.

요즘 오사카 지방의 금속 회사들 가운데 백동화를 만들어 완제품으로서 1개에 1전 5리 내지 2전의 가격으로 대거 밀수입을 시도하는 자가 있으며, 이제 인천을 비롯해 각지의 일본 상인은 이 일에 관여치 않는 자가 거의 없는 형편이다.**

운 나쁘게 조선 관리들에게 걸려도, 밀수하던 백동화를 빼앗기고 조선에서 나가도록 요구받는 정도가 고작이었다. 조선은 힘이 없었기에, 불법을 저지른 외국인을 추방시켜려고 해도 해당 국가 영사관에 요청을 해야 했다.

* 오카 요이치, 『최신한국사정: 한국경제지침』, 1904, 416~417쪽.
** 도쿄은행집회소, 『은행통신록』, 1902년 6월호, 제34권, 205쪽.

만일 외국인으로서 백동화를 은밀히 수입하는 것을 발견한 때에는, 즉시 해당 영사관에 넘기되 현물은 몰수하고, 그 외국인이 조선에서 나가도록 영사관에 요청할 것.*

위조에 직접 참여하지 못한 일본 상인이라 할지라도 수익을 올리는 방법은 얼마든지 있었다. 가령 밀수입된 백동화를 싸게 사서, 조선에서 아직까지 백동화를 받는 지역을 찾은 다음, 쌀이나 금 등을 사들여서 제값으로 일본에 팔 수 있었다. 조선의 『황성신문』은 이런 식의 거래를 포착해서 고발하는 기사를 쓰기도 했다.

일본 상인이 쌀을 사려고 백동화 10만 7,000원을 증남포甑南浦로 보냈다고 해 본 신문이 탐문해보았더니, 다음 날 쌀 3,200포와 그다음 날 쌀 8,100포가 증남포에서 인천으로 보내졌음을 확인했다.**

그리하여 인천 부사가 조정에 보고하기를, 인천항에 유통되는 백동화는 거의 다 위조라고 했다.***

* 오카 요이치, 앞의 책, 28쪽.
** 『황성신문』, 광무(光武) 6년(1902년) 3월 28일자.
*** 고승제, 「이조 말엽 화폐위기의 분석」, 『서울대학교 논문집 인문사회과

아이러니하게도 일본 상인들의 백동화 위조 및 밀수 행위를 끝낸 것은 일본 정부였다.

일본 국내, 특히 오사카 부근을 중심으로 백동화를 만들어 조선으로 몰래 수출함이 많았으므로, 국제 정의에 따라 1902년 11월 7일의 칙령으로써 조선 통화의 위조 및 수출을 금지했다.*

이 시점에서 갑자기 일본 정부가 '정의'를 구현하게 된 이유는 무엇일까? 그것은 백동화가 너무 많이 풀려서 이제는 일본에게도 손해가 나기 시작했기 때문이었다. 조선에서 백동화를 받는 곳이 사라지다시피 했고, 백동화의 가치가 너무 낮아져서 위조를 해도 별로 남지 않았다. 무엇보다 사람들이 쓸 만한 돈은 숨겨놓고 백동화로만 지불하려 들었다. 전형적인 그레샴Thomas Gresham의 법칙으로, '나쁜 돈이 좋은 돈을 쫓아내는' 현상이다. 곧 가치가 떨어질 '나쁜' 돈은 빨리 남한테 줘서 써버리고, 가치가 유지될 만한 '좋은' 돈은 가지고 있는 것이다. 모든 사람이 똑같은 생각을 하기 때문에 시중에는 나쁜 돈만

학편』 제2집, 1955, 245쪽.
* 시카타 히로시, 앞의 책, 69쪽.

남게 된다.

이렇게 되면 일본 상인들이 조선에서 장사할 때 불편할 수밖에 없다. 조선에서 무슨 거래를 하면 다들 백동화만 내려 하고, 받아든 백동화는 빨리 처리할 생각부터 해야 했으니 말이다.

반면 좋은 돈은 죄다 숨기고 쓰지 않았다고 말했다. 당시 사람들이 꽁꽁 숨겨놓은 좋은 돈에는 무엇이 있었을까? 일단 상평통보는 구리값이라도 나오기 때문에 좋은 돈으로 분류되어 숨겨지곤 했다. 그런데 상평통보 말고도 훨씬 좋은 돈이 조선에 돌고 있었다. 그 돈이 백동화 문제 때문에 조선의 장롱 속으로 모두 사라져버렸다. 바로 일본 엔화였다.

우리는 앞에서 일본이 개항기 때부터 조선에서 일본 엔화를 쓸 수 있었음을 말했다. 화폐 침략으로 허덕이던 조선의 돈에 비해, 일본이 보장하는 엔화는 훨씬 안정적인 돈이었기 때문에 조선에서도 이미 널리 사용하고 있었다. 1897년, 그러니까 동학농민운동 3년 후를 기준으로, 조선에 돌고 있던 엔화의 양은 이미 상평통보의 3분의 1을 넘어갔다.

조선에서 조선 돈엽전의 유통량은 800~1,000만 엔으로 추산되며… 일본 은화의 유통량은 300~350만 엔으로 추산된다.*

일본 정부는 조만간 조선에서 완전히 일본 돈만 쓰도록 만들 계획이었는데, 백동화를 너도나도 만들어대면서 반대로 일본 돈이 조선 시중에서 사라져갔던 것이다. 이래서는 일본 엔화로 조선 경제를 완전히 조종한다는 계획에 차질이 생길 판이었다. 이에 일본 정부는, 백동화로 아직 이득을 볼 수 있다고 불평하는 몇몇 일본 상인들의 불만을 눌러대면서까지** 백동화 주조 금지령을 내린 것이다.

여기서 조금만 생각해보면, 백동화 인플레이션의 주범은 일본인들의 위조였다는 이야기가 된다. 조선 정부가 너무 찍어내는 것이 문제라면, 일본이 장악한 탁지아문^{경제부}을 움직여서 못 만들게 하면 그만이다. 어차피 동전 재료도, 기계도, 기술자도 다 일본산이기 때문이다. 그런데 굳이 자국민의 위조와 밀수출에 대해 언급하면서 이를 칙령으로 금지한 것은, 백동화 인플레이션의 대부분이 일본 상인들의 위조와 밀수출에

* 시카타 히로시, 앞의 책, 48~71쪽.
** 같은 책, 69쪽.

의해 일어났기 때문이다.

몇몇 일본 상인들은 아예 백동화를 더 찍어서 가치를 아주 망가뜨려놓으면 조선이 자연스레 일본 엔화를 쓰게 될 것이라는 주장까지 하고 있었다.* 물론 이는 동서고금을 막론하고 잘 맞아떨어진 그레샴의 법칙과 반대되는 주장이고, 자신은 아직 백동화로 더 이득을 남겨야 한다고 주장하는 볼멘소리일 뿐이었다. 하지만 일본 상인들이 그런 주장을 할 수 있었다는 것 자체가 백동화 발행을 좌우하는 것이 일본 상인들이었다는 말이 된다. 저 주장도 위조 백동화의 소굴이었던 인천의 상인연합회에서 나온 것이었다.

따라서 조선의 조정에서 백동화를 많이 발행한 것은 사실이지만, 이를 훌쩍 뛰어넘을 정도로 일본 상인들의 위조 활동이 활발했기에 백동화 인플레이션이 일어났다고 보아야 한다. 조선 조정이고 일본 상인이고 '가격 대비 성능'이 좋은, 즉 주조 차익이 뛰어난 백동화의 특징을 노리고 뛰어든 것은 마찬가지였다. 다만 조선 조정은 자기 나라의 경제가 망가지는 대가를 치러야 했지만, 일본 상인들은 그럴 필요가 없었다. 화폐

* 『황성신문』, 광무 6년(1902년) 11월 25일자(인천, 일본인 상업회의소 결의문).

주조 단계에서부터 조선 조정은 일본 정부에 아쉬운 소리를 해가며 돈·기술·재료를 빌렸지만, 일본 상인들은 돈벌이 기회에만 열광하며 자발적으로 찍어낼 수 있었다.

10 조선의 중앙은행이 된 다이이치은행

제일은행^{第一銀行}── 일본 발음으로 다이이치은행 ──은 일본 정부가 자본을 대어 설립한 일종의 국책 은행이다. 국책 은행은 한 나라의 중앙은행과는 별도의 조직으로서, 일반 은행과 비슷한 업무를 하되 정부가 가끔씩 내려보내는 정책을 실행하는 기능을 한다는 점이 특징이다. 대한민국도 한때 정부 주도로 경제 정책을 밀고 나갈 때는 외환은행·산업은행·중소기업은행 등 여러 종류의 국책 은행이 있었는데, 이제는 대부분 이름만 남고 민간 은행으로 바뀌고 있다.

제일은행은 조선이 개항되면서 처음으로 들어온 외국 은행이었다. 이밖에도 조선에서의 이권을 노리고 몇몇 일본계 민간 은행들이 들어섰다. 사실 조선 제일은행의 시작도 일본 민간인들이 부산에 먼저 작은 은행을 세웠고, 여기에 일본 정부가 자본을 지원하면서 국책 은행의 지점으로 들어간 것이었다.* 물론 일본 은행들의 목적은 일본 상인의 활동을 지원하며 돈을 버는 것이었다.

조선의 각 항구마다 일본의 은행 지점이 있다 해도 그 업무는 오로지 일본과 조선과의 무역에 있고, 조선 국내의 상업에까지 업무를 확장하지 않고 있다. 따라서 일본을 위해서는 유리한 바 있으나, 조선 상인을 위해서는 추호도 편리를 개발한 바 없다.**

이처럼 일본 은행들은 조선 상인들은 상대하지 않는다고 아주 단호하게 기록하고 있다. 앞에서 밝힌 바와 같이 일본의 주된 관심사는 조선의 쌀이었으므로, 일본 은행들의 대출 지원은 쌀을 구매하는 상인들에게 집중되었다.*** 이런 대출은 어느 정도의 효과가 있었을까?

당시 조선에서 장사를 할 때 부담하는 이자율은 상당히 높았던 것 같다. 『한국지』에 의하면 1890년대 조선의 이자율이

---

* 제일은행, 제일은행 반계(半季) 고찰표, 1880년 7월, 14쪽.

** 시오카와 이치타로(塩川一太郎), 『조선통상사정』(朝鮮通商事情), 八尾書店出版, 1895(시카타 히로시, 「조선 근대자본주의의 성립과정」, 『조선사회경제사연구』, 1933, 88쪽에서 재인용).

*** 오사카 상업 의원회, 한국산업시찰보고서(같은 책, 175쪽에서 재인용).

1년 기준으로 20%에서 100%에까지 달한다는 기록이 있다. 당시 일본인 상인마저 이자율이 높아서 은행 융자를 받기 꺼릴 지경이라고 적혀 있다.* 이자율은 피셔의 법칙$^{Fisher\ Effect}$에 의하면 그 나라의 경제 성장률과 물가 상승률을 합한 숫자와 같다. 앞에서 일본의 화폐 침략으로 인해 조선은 하루가 다르게 물가가 상승하는, 즉 돈의 가치가 떨어지던 때였으니, 이자를 높게 받아야 나중에 대출금을 돌려받을 때 은행도 손해를 보지 않으므로, 물가 상승률만큼 이자율이 높아지는 것은 당연한 것이다.

그런데 일본 은행들은 조선 돈에 비해 신용이 훨씬 좋은 일본 엔화로 대출을 해줄 수 있어서 보다 낮은 이자율을 제공할 수 있었다. 엔화는 조선 돈처럼 폭발적 인플레이션을 겪지 않았기 때문에 대출 이자율이 훨씬 낮을 수밖에 없었다. 따라서 일본 상인들은 보다 저렴하게 대출을 받았고, 자본금이 조금 모자라도 은행에서 싼 이자로 돈을 빌려 쌀을 사재기한다든지의 거래를 할 수 있었으니, 일본 상인들의 활동에 날개를 달아준 격이었다.

* 러시아 제국 대장성, 『한국지』, 1905, 92, 129, 131쪽.

반면 조선 상인들은 이런 금융지원을 '추호도' 받지 못했으므로, 개개인의 장사 수완이 어떻든 간에 경쟁에서 밀려 점차 망하게 되는 것은 당연한 순서였다. 이에 맞서 조선 사람이 세운 은행도 몇 있었으나, 일본 은행들에 비하면 보잘것없었다.

일본이 이토록 체계적으로 금융까지 동원해서 조선을 공략했기 때문에, 일본 상인들은 다른 나라 상인들에 비해서도 조선 상업에서 우위에 있었다.

<표-8> 조선에서 영업 중이던 각국 무역회사들의 분포(1896~97)*

	부산항	인천항	원산항
일본	132	26	52
청	14	16	12
독일		2	
미국		2	
영국		1	
프랑스		1	

〈표-8〉에서 나타난 대로 조선에서 영업하는 무역회사들은 일본계가 압도적으로 많았으며, 청나라가 조금 추격하고, 나

* 러시아 제국 대장성, 앞의 책, 136~137쪽.

머지 나라들은 지점 한두 개만 세워놓고 간판만 유지하는 정도였다.

일본 상인들의 활동이 활발해지자, 조선에 들어온 일본 금융계도 성장했고, 그 대표 격이라고 할 수 있는 제일은행의 목소리도 커졌다. 제일은행은 일본 상인들을 대표해서 조선 정부에게 화폐를 새로 발행하라고 요구하기도 했다.

조선의 통화, 즉 동전이 부족해 무역이 어려우니… 조선에서 활동하는 일본 상인들은 제일은행 대표를 통해 조선 정부에게 새 동전을 만들 것을 제안했고, 이것을 조선 정부에서 검토 중이라고 한다.*

제일은행은 일본 정부의 사업에도 적극 뛰어들었다. 앞에서 조선의 금 유출과 관련해 살펴본 바와 같이 30만 엔의 정부 투자를 받아 260만 엔의 금을 찾아내어 일본으로 보내기도 했다.

한편 나날이 재정이 나빠지고 있던 조선 정부는 급기야 물불 가릴 것 없이 외국에 돈을 빌리러 손을 내밀었다. 1883년

* 츠치야 타카오, 『시부사와 에이이치 전기자료』 16권, 1957, 8쪽.

도쿄에 있는 다이이치은행 본점

1873년 일본 국립은행조례에 따라 설립된 최초의 민간 은행이다.
한국의 국고금 취급과 법화 발행을 담당하는 중앙은행의 지위를
확보했다. 초대행장은 일본 경제계의 거두 시부사와 에이이치였다.

김옥균을 일본으로 보내서 차관 300만 엔을 받아오라고 시키기도 했다.* 앞서 일본이 금본위제를 실시할 무렵에 일본 국내에 남아 있던 금을 환산하면, 즉 나라가 지금 가지고 있는 재산이 대략 2,500만 엔이었다고 했는데, 300만 엔이면 그것의 12%가 되는 거액이다. 고종 정부가 계산 끝에 그 금액이 필요하다고 생각을 한 것인지, 아니면 기왕 빌리는 참에 금액을 크게 불러본 것인지는 확실하지 않으나, 갚지 못할 것이 거의 확실한 조선 정부에 이만한 금액을 써버리는 것은 일본으로서도 부담이 컸을 것이다.

더구나 1883년은 청일전쟁[1894년]으로 청나라를 조선에서 몰아내기 이전이었다. 조선에 대한 영향력을 두고 청나라와 일본이 경쟁 중이었으며, 이때 조선 정부에 300만 엔을 넣었다가 청나라와의 경쟁에서 밀리기라도 하면 그때는 일본 정부의 파산까지 걱정해야 할 지경이었다. 이러한 이유로 일본 정부는 훨씬 적은 10만 엔 정도의 금액만을 빌려주었고, 그 결과 조선 조정에서 일본의 영향력이 감소했다.**

* 유바다, 「1883년 김옥균 차관교섭의 의미와 한계」, 『한국근현대사연구』 제54집, 2010, 41~75쪽.
** "조선 관리 정병하(鄭秉夏)가 일본 공사의 소개장을 가지고 일본에 도착해 일금 10만 엔의 차관을 교섭했다"(츠치야 타카오, 앞의 책, 85쪽).

일본 정부에서 돈을 넉넉히 대출받지 못하자 조선 조정은 제일은행에도 손을 벌렸다. 이에 제일은행은 1884년 2월에 멕시코 은화 2만 4,000스페인 달러 분량을 조선 정부에 대출해 주었다.* 멕시코는 은 생산이 많아 당시 국제 시장에서 멕시코 은화를 일종의 국제화폐처럼 쓰고 있었고, 당시 조선에도 멕시코 은화가 들어와 쓰였다는 기록이 있다. 그러나 순도가 일정하지 못해 사기를 당하기 쉬웠으므로 아주 환영받지는 못했던 화폐였다. 은행은 장사를 해서 이익을 내야 한다는 명목이 있기에 이 대출 역시 절대 공짜가 아니었고, 조선의 무역 관세를 일부 받기로 했다.

그 후 청일전쟁으로 조선에서 일본의 우위가 확실해지자, 조선 정부에 대한 제일은행의 대출도 크게 늘어났다. 적어도 청나라에게 조선에서의 이권을 빼앗길 위험은 없어졌기 때문이다. 그런데 대출이라고 해도 담보대출이 많았기 때문에, 결국에는 제일은행이 돈이 없어서 허덕이는 조선 정부에게 돈

---

* 멕시코 은화는 스페인 달러에 기반한다. 스페인 달러는 스페인이 볼리비아의 포토시(Potosi) 광산 등을 소유해 은이 넘쳐날 때 만들어진 화폐다. 1869년 기준 1스페인 달러가 5페세타(peseta)였는데, 1페세타에는 대략 4.5g의 은 또는 0.29g의 금이 들어 있었다. 그렇다면 2만 4,000스페인 달러는 약 34.8kg의 금 또는 2만 3,000엔가량이 된다.

을 주고 이권을 사들인 결과가 되었다. 나중에는 제일은행이 조선 조정과 관계가 깊어진 것을 보고 일본 정부가 아예 제일은행을 통해 거래하는 일도 많았다. 국가 규모로 거래하면 국제 사회의 시선이나 국제법 등 신경 쓸 일이 많지만, 은행 하나가 거래하면 주목을 덜 받는 점도 고려했을 것이다. 제일은행이 조선 정부에 실시한 대출 내역을 큰 덩어리 위주로 정리해보자.

① 1884년 2월, 관세를 조금 받기로 하고 멕시코 은화 2만 4,000달러 대출.

② 1895년, 동학농민운동 및 청일전쟁 직후, 조선의 관세 전부를 담보로 25만 엔 대출.

③ 1900년, 조선 왕실의 홍삼 판매 수익금을 담보로 왕실에 30만 엔 대출.

④ 1901년부터 1904년까지, 조선의 세금의 일부를 담보로 12만 엔 대출.

⑤ 1902년부터 1903년까지, 조선의 도량형을 통일하는 사업에 25만 엔 대출.

⑥ 1905년, 러일전쟁 후, (마침내) 조선의 화폐시장을 정리

하기 위해 300만 엔 대출.

조선의 관세 수입, 홍삼 판매 수익, 세금 등 조정의 돈줄이 모두 제일은행에 넘어가는 것이 보인다.

이 가운데 ⑥번 금액이 제일 크긴 하지만, 1905년이면 청나라와 러시아를 물리치고 조선에서 일본의 우위가 확실해진 시점이고, 그동안 쌀이다 금이다 조선에서 많이 벌었기 때문에 일본에게 300만 엔은 부담이 덜 되는 금액이 되어 있었다. 더구나 ⑥번은 백동화를 수습하는 데 쓰일 돈이라서 결국 조선의 화폐를 일본 엔화로 대체하는, 일본에게 좋은 사업에 쓰일 것이라 일본 정부에서 나서서 대출을 주선했다.

이런 식으로 제일은행이 조선 조정의 채권자가 되어가자, 제일은행이 무엇을 하든 조선 조정이 뭐라고 하기 어렵게 되었다. 위의 대출 항목에서 볼 수 있듯이, 1884년부터 조선의 관세는 제일은행이 대신 받고 있는 형편이었다.

1884년에 일본 제일은행이 조선 정부의 위탁으로 세관 업무를 맡게 됨으로써 더욱 번창했다.*

* 유자후, 『조선화폐고』, 1940, 666쪽.

제일은행은 거의 조선의 중앙은행처럼 나대기 시작했는데, 그 대표적인 움직임이 제일은행이 스스로 돈을 만들어 조선에 푼 것이었다. 이것을 제일은행권이라고 불렀다. 제일은행이 주장하기를, 조선 돈은 믿을 수가 없어 무역을 하기에는 너무 불편했기 때문에, 자신들이 기여하고자 은행권을 만들었다고 했다.

> (1902년 당시) 청나라 상인이 발행한 전표, 일본 상인이 발행한 조선 돈 어음, 조선 정부의 백동화, 위조 백동화 등이 시장에 넘쳐서 거래의 위험이 말할 수 없이 컸다. 여기에 조선 세관에서는 엔 은화, 멕시코 은, 일본 화폐로 관세를 거두는 규정이 있어 심한 불편이 있었다.*

1902년, 처음 1원 은행권부터 시작해서 부산항부터 유통을 시도했고, 부산·인천 등 항구 도시들을 중심으로 상당한 양이 사용되었다.

앞에서 나온 조선의 백동화 주조 내역과 비교하면 재미있는 점이 보인다. 개항기의 역사를 좀 들어본 사람들에게 '당

---

* 제일은행, 『제일은행 50년소사』, 87~88쪽.

<표-9> 제일은행권 발행 추이*

연도	금액(원)
1902	707,358
1903	870,126
1904	3,371,817
1905	8,125,267
1906	9,224,400
1907	12,805,300
1908	10,385,900
1909	11,833,117
합계	57,323,285

백전에 이어 조선 경제를 절단낸 조정의 실책 2' 정도로 취급 받는 백동화 발행이 합계 1,300만 원인데(앞에서 나온 전환 국 화폐 주조량 표-7을 보면 된다), 제일은행권 발행 합계가 5,700만 원이다. 두 표의 시기가 완전히 일치하지는 않으나, 조선 조정이 찍어낸 백동화의 4배가 넘는 화폐를 일개 은행인 제일은행이 조선 땅에 뿌렸다는 것이다.

제일은행권이 풀리기 시작하자 조정의 체면은 말이 아니게

* 같은 책, 22쪽.

되었고, 조선의 화폐가 일개 은행 손에 놀아날 것이 뻔했기 때문에 조선의 관리들과 민간 모두에서 반대 여론이 빗발쳤다.*
이에 조선 정부가 1902년에 각 항구 관리들에게 명해 제일은행권을 받지 말도록 했으나, 제일은행도 아닌 일본 공사公使, 대사 바로 아래 급 외교관가 항의하는 바람에 명령이 취소되어버렸다.**
결국 뒷배는 일본 정부였던 것이다.

이 제일은행권은 일본 엔화와 연동되어 가치를 유지하는 체계였다. 제일은행은 은행권을 가지고 오면 일본 엔화로 교환할 수 있도록 보장했다. 따라서 제일은행권의 유통이 늘어난다는 것은 곧 엔화의 유통이 늘어난다는 것과 같은 의미였다.

나중에 때가 무르익었다고 판단이 되자, 일본 정부는 화폐정리사업을 벌여 기존에 있던 조선의 화폐는 다 무효화하고, 새로 일본 엔화와 연동된 조선 전용의 화폐를 만들어 쓰도록 했다. 이 사업을 위해 당시 대한제국은 일본에서 모든 비용을 빌렸는데, 그 새로운 화폐를 만든 곳은 또다시 제일은행이었다. 외국의 일개 은행이 한 나라의 중앙은행이 된 것이다.

* 『황성신문』, 광무 6년(1902년) 3월 21일자 논설 등.
** 오카 요이치, 『최신한국사정: 한국경제지침』, 1904, 459~460쪽.

11 조선의 땅과 일본의 돈놀이

조선 왕조에서는 '모든 땅이 왕의 소유로서 백성들이 단지 빌려 쓰고 있다'라는 것이 원칙이었다. 서양의 부동산이 원칙상 왕의 소유^{real estate}로 되어 있는 것과 같은 개념이다. 그러나 원칙은 그렇다고 해도 개국 공신이라서, 왕족이라서, 근처에 있는 군부대를 위한 것이라서 등등 여러 이유로 개인이나 작은 단체에 땅을 주는 경우는 꽤 많았다.

또 나라의 소유라 하더라도 농민이 스스로 황무지를 일구어 농토로 만든 경우에는 3년간 세금을 내지 않아도 되었고, 일군 사람이 자기 땅처럼 계속 농사지을 수 있었다.* 거기에다가 임진왜란·병자호란 등을 거치면서 전쟁으로 땅을 관리하

---

* 조선의 법을 담은 책들인 『경국대전』(經國大典)·『속대전』(續大典)·『대전통편』(大典通編)·『대전회통』(大典會通) 등에 모두 등장하는 내용이다.

기 어렵게 되자, 중앙 정부의 통제는 약해지고 점점 많은 땅이 개인 소유로 되어갔다. 그 가운데 상당수는 은결隱結이라 해 아예 지역 주민들이 관리와 짜고 세금 장부에서 빼버렸다는 점을 앞에서 말한 바 있다.

그렇다면 조선 말기 토지는 누가 얼마나 가지고 있었을까? 1894년에 발표된『갑오팔도오도전결총치』甲午八道五都田結總致라는 조선 조정의 보고서에 의하면, 토지 전체는 143만 5,916결이고 그 가운데 실제로 농사를 짓는 땅이 81만 7,915결이었다. 이 가운데 일반 개인의 농토라고 되어 있는 부분이 약 90%를 넘고, 왕실·관청·군대 소유의 땅 등이 드문드문 있었다. 이런 관공서 소유의 땅이 따로 있는 이유는 땅을 조금 떼어주고 거기서 생산되는 것을 사용하게 하려는 목적이었다. 나라에서 쌀 등을 일일이 다 거두어서 다시 나누어주려면 교통도 불편한데다가 비용도 많이 들었기 때문이다. 조선은 개항 이전까지 화폐를 별로 쓰지 않았다는 것을 기억하자. 하지만 이렇게 나눠준 땅이 수십 년을 지나면서 슬그머니 개인들 소유로 돌려지는 일이 잦았다.

개인의 농토 가운데는 세도가나 지방 관리가 자기 소유로 큰 농장을 경영하는 경우가 많았다. 특히나 왕이 후계자 없이

일찍 죽는 탓에 세도 정치가 한창이던 조선 말기에는 이런 대
농장들이 크게 늘어났다. 대농장 주인들이 큰 땅을 전부 혼자
서 농사지을 수는 없었으므로, 대신 농사를 짓게 하고 곡식 등
을 지불하는 소작의 형태였다. 따라서 소작농이 많다는 것은
대농장이 많다는 의미가 된다. 왕실 소유의 땅이나 관청 소유
의 땅도 관리들이 직접 농사짓지 않으니 소작을 받았다.

조선의 농업자들은 주로 영세민들로서, 그 가운데 대지주
도 있지만, 대지주들은 대개 벼슬이 있는 사람들로서 대부
분 적지 않은 대가를 받으며 농지를 영세민에게 대여하거
나 작물을 반반 나누는 조건으로 종자를 빌려주는 자들이
다.*

1830년 전라도 고부古阜 ──동학농민운동의 시작을 터뜨린
탐관오리 조병학이 있던 곳 ──에 있던 장부에 의하면 40.8~
64.6%가 소작이 이루어지는 땅이었고, 백성들의 37~44%가
어떤 형태로든 소작에 종사했다.** 그렇다면 적어도 35% 정도
는 땅 주인이 스스로 농사를 짓는 자작 농지라는 것인데, 조선

* 러시아 제국 대장성, 『한국지』, 1905, 5쪽.
** 김용섭, 『조선후기 농업사연구』, 일조각, 1970, 288쪽.

땅이 모조리 세도가들 손에 들어간 것은 아닌 것처럼 보인다. 그런데 이런 자작 농지는 대개 못 쓰는 땅을 겨우겨우 개간해서 생긴 것들이 많아, 대농장들에 비하면 생산력이 크게 떨어지곤 했다. 즉, 세도가들이 별로 탐낼 필요가 없어서 살아남은 땅이 많았다. 상당수의 백성들이 조그마한 자기 땅에 농사를 짓고, 추가로 다른 사람 땅에 소작농으로 일하는, 일종의 자작농＋소작농 형태였다. 위의 장부에서 자기 땅 없이 소작만 하는 경우는 백성들의 20.1~25.7%로서 좀더 가난한 사람들이었다.

자작 농지는 농사가 너무 안 되면 들인 힘에 비해 수입이 안 나와서 문제지만, 너무 잘 되어도 문제였다. 세도가나 지방관리들이 탐을 내기 시작할 수 있기 때문이다.

> 개항 전의 조선 백성들은, 국내에 수요가 많지 않으므로 자기 먹을 것 이상을 생산할 필요가 없었고, 잉여가 생기면 관리들의 간섭을 부르게 될 뿐이었다.*

실제로 개항 후에 쌀값이 오르고 덩달아 땅값까지 오르자

---

* 러시아 제국 대장성, 앞의 책, 141쪽.

많은 백성들이 자투리 땅을 일본인들에게 팔았다. 조그마한 땅은 가지고 있어봤자 세금만 매겨지고 관리들의 먹잇감이나 되니, 돈이나 받고 팔자는 생각이었을 것이다.

일찍이 조선인이 토지를 매도하려고 구입을 요청했길래 그 이유를 물었더니, "토지를 보유하면 토지세 외 각종 세금을 내야 하기 때문에 곤란해 빨리 팔고자 한다. 지방 관리뿐만 아니라 세금 징수를 대리하는 자들도 있어서 각종 명목 하에 뜯어가기 때문이다."*

하지만 조선 관리들의 수탈이 땅을 팔게 되는 제일 큰 원인은 아니었다. 있어도 큰 도움이 안 되는 땅이야 얼른 팔아서 관리들의 눈을 피하면 좋지만, 자기 먹을 것 생산하던 땅까지 팔지는 않았다. 그것이야말로 밥줄인데 세금을 뜯길망정 가지고는 있어야 생활이 가능하기 때문이다. 그러나 개항으로 인해 조선 전체가 살기 어려워지자, 이런 목숨과도 같은 땅까지 파는 사람들이 많아졌다. 생활고에 시달리게 된 농민들이 자기 밑천을 내다 팔기 시작한 것이다. 일본인이 보기에도 이 시

* 일본 농상무성, 『한국토지농산보고』, 전라·경상도 편, 1905, 277쪽.

기의 조선 농민들은 파산을 향해 달려가고 있었다.

조선인, 특히 농민은 매년 빚의 늪에 빠져 있다고 보는 것
이 정확할 것이다.*

마침 당시 농가의 자세한 수입과 지출 내역을 담은 1910년
황해도 농민경제상황 조사 자료가 존재한다. 다음은 논 0.5정
보, 밭 1.5정보를 경작하는 작은 농가의 수입과 지출 내역이다.
2정보는 약 1헥타르로 축구장 1개 너비에 해당한다. 이 가운
데 논 0.2정보만 소작이고 나머지는 전부 자기 땅이었으니, 경
제적으로 아주 밑바닥에 몰린 집은 아니었다.

이 가정은 지출212원이 수입190원보다 대략 10% 정도 많으니
상당한 적자를 보고 있다. 이 자료에서 논의 소작료가 상당히
높다는 계산도 가능한데, 이 집은 소작이 0.2정보고 자기 논이
0.3이니, 소작하는 땅이 생산이 잘 된다고 해도 9석 수확량 가
운데 절반 이상4.5석을 소작하는 땅에서 거두긴 어려웠을 것이
다. 그런데 4.5석 가운데서 3석 가까이를 소작료로 냈으니, 수
확의 60% 이상을 소작료로 낸 것이다.

* 같은 책, 279쪽.

수입 내역		
논	총 생산량(A)	쌀 9석 1두
	소작료 지출(B)	쌀 2석 7두 3승
	순 수확물(A-B)	쌀 6석 3두 7승
	순 수입	24원 20전(쌀 1석당 3원 80전)
밭	총수입 (부업포함)	166원 5전
논+밭	수입 합계	190원 25전

지출 내역	
토지 세금	논 1원 3전, 밭 2원 40전, 거주용 토지(200평) 90전, 인구세 30전 등 세금 합계 4원 85전
면에 납부한 지역회비	50전
생계비	112원 2전
기타 지출	95원 45전
지출 총계	212원 82전

소작료를 내는 법은 크게 타조打租와 도조賭租가 있는데, 타
조는 거둔 것을 반반씩 지주와 나누는 방법이고, 도조는 3분
의 2를 소작농이 갖되, 땅에 매긴 세금까지 소작인이 내는 방
식이다. 정약용의 『목민심서』에 보면, 타조는 남부지방에 많

* 같은 곳.

왔고 북부지방에는 도조가 흔했다고 한다. 아무래도 소작농이 더 많은 몫을 받아 주도적으로 쓸 수 있는 도조법이 더 소작인에게 유리하다고 여겨졌다. 실제로는 절반이나 3분의 2라는 숫자가 정해진 것은 아니고, 아쉬운 쪽의 사정에 따라 변하곤 했다.

그런데 조선 개항기에서 일제강점기 한참 때까지는 확실히 소작인들이 아쉬운 처지였다. 일단 개항기 즈음에 인구가 거의 2배로 늘었음이 관찰된다.* 왜 이때 인구가 늘었는지는 확실하지 않아 연구자들의 추가 연구가 필요하다. 먹고살기 힘들어지던 시점에 인구는 확 늘어버렸으니, 조선 사람 하나하나의 값어치는 낮아질 뿐이었다.

두 번째 이유는 외국의 경제 침투로 인해 많은 조선 사람들이 직업을 잃고 먹고살 길이 막막해졌기 때문이었다. 대표적인 예가 공업에 종사하던 사람들인데, 조선에서 생산되던 면제품·그릇·농기구 등은 수공업으로 만들어진 것으로서, 산업혁명을 거친 외국의 공장에서 뽑아낸 물건들과는 아예 경쟁이 되지 않았다. 영국제가 품질로는 최고였고, 일본제가 저가

---

* 『승정원일기』, 고종 23년(1886년) 12월 4일.

<표-11> 개항 전후 인구 변동*

연도	가정(만호萬戶)	인구(만인萬人)
1804	168.0	750
1852	160.4	686
1861(개항 15년 전)	147.7	675
1883(개항 7년 후)	235.0	1,052

공세를 퍼부어 이를 겨우 꺾는 상황이었으니,** 조선에서 공업을 하던 사람들은 다 망해서 거리로 나앉는 형편이었다. 다음 보고들을 보면 조선의 토착 산업들이 어떻게 사라져갔는지 알 수 있다.

1890년에는 조선의 면 생산이 크게 늘어 일본에 대한 수출액이 2만 7,541달러에 달했었다. 그러던 것이 1897년에는 아주 단절되어버렸다. 외국의 면제품이 속속 수입됨으로써 조선의 면 경작이 쇠퇴한 까닭이다. …생사生絲, 비단실의 경우, 1888년에는 1만 6,767불, 1889년에는 1만 7,424불에

* 러시아 제국 대장성, 앞의 책, 278쪽.
** "일본 제품의 성공은, 사람들의 말에 의하면 그 품질은 영국 맨체스터(Manchester)제에 떨어지지만 가격이 싸서 이긴 것이다"(같은 책, 157쪽).

달했다. 그러던 것이 1897년에 이르러서는 조선의 수출표에서 그 항목을 찾아볼 수 없게 되었다.[*]

이밖에도 장사를 하다가 외국 상인에게 밀려버린 조선 상인이라든지, 나라가 엉망이라 시골 훈장조차 할 수 없게 된 선비들이라든지, 여러 이유로 먹고살기 힘들어진 조선 사람들은 많았다. 가진 것 없어도 몸으로 때울 수 있는 것이 그나마 소작을 하는 것이라, 소작농이라도 하려고 달려들 사람들은 넘쳐났다. 일제강점기 중반에 이르면 소작료가 거의 90% 수준까지 올라가는 결말을 맞게 된다.[**]

다시 농가의 수입과 지출로 돌아가보면, 나라에 내는 세금은 생각보다 높지 않은데, 총수입이 190원인 집에서 세금을 5원이 안 되는 금액을 내고 있다. 수입의 약 2.6%에 해당한다. 그렇다면 생활비는 빼고 기타 지출이라고 되어 있는 곳에서 많이 빠져나가는 돈이 있는데, 이것의 정체가 무엇인지는 자료에 나와 있지 않다. 아마도 줄이기 어려운 비용, 가령 지방 수령에게 납부하는 돈이라든지, 농기구를 마련하는 돈, 종자

---

[*] 같은 책, 148~149쪽.
[**] 인정식(印貞植), 『조선의 농업기구분석』, 백양사, 1937, 233쪽.

를 사는 돈 등이 다 들어 있을 것이다. 조선의 조정도 살림이 어려워서 일본 제일은행에게 계속 돈을 빌리는 시대였는데, 일반 농민이 낭비벽 때문에 펑펑 쓰다가 적자를 보았다고 생각하기는 힘들다.

적자가 계속 난다면 결국 빚을 내서 메꿀 수밖에 없다. 많은 농민들이 땅을 팔아 적자를 메꾸다가 완전 소작농으로 몰락하는 일이 잦았다. 약삭빠른 일본 상인들이 이런 기회를 놓칠 리 없어, 농민들의 이런 처지를 이용해 돈놀이를 했다. 이것을 『한국지』에서는 '미곡 수매 자금의 대여 관행'이라고 불렀는데, 관행이라는 표현은 흔했다는 것과 다름 아니다.

> 일본인은 더욱 조선인의 농업을 장려할 목적으로 경작 착수 전에 보통 수확의 반을 나누는 조건으로 조선 농민에게 자금을 대여하고, 가을에 이르러 수확을 얻어 무역항에 보내니, 일본인이 대여한 금액은 일본의 쌀 가격에 비하면 상당히 저렴한 것이므로 풍년일 때에는 막대한 이익을 보고, 흉년일 경우에도 손실을 보지 않는다.*

* 러시아 제국 대장성, 앞의 책, 141~142쪽.

일본 상인이나 일본 은행이 조선 농민에게 돈을 빌려줄 때는 상당히 높은 이자율을 요구했을 것이다. 앞서 제일은행 편에서 본 것처럼 은행 이자율이 최소 20%에서 100%에 달하는 상황이었으니, 농민들에게 빌려주는 돈은 위험부담 등을 감안해서 시세보다 더 높은 이자를 받았으리라 추측할 수 있다. 조선 농민은 계속해서 적자를 보고 있었기에 돈을 빌릴 때 찬밥 더운밥 가릴 처지가 아니었다. 더군다나 일본 상인들은 조선 농민들이 제일 돈이 없는 시기를 정확히 파악하고 이를 이용해 고리대금업을 했다.

조선 농민의 대다수는 매년 면화 파종기 전후에, 전년에 거둔 쌀이 다 떨어지고 보리가 날 때까지 기다릴 수 없어 여기에 생활 곤란에 빠진 자가 많음은 매년 일어나는 일이다 보릿고개. 그러므로 이 곤란을 넘길 방편으로 추수하려는 작물을 담보로 해 돈을 빌리려는 습관이 있다.*

여기서 일본 상인들은 수확물이 아니라 땅을 담보로 돈을 빌려주는 방식을 취했다. 개항 이후, 외국 상인들은 쌀 등 곡

* 육지면재배10주년기념회(陸地棉栽培十週年紀念會), 『육지면 재배 연혁사』(陸地棉栽培沿革史), 1917, 109~110쪽.

물을 가져다가 일본에 파는 방법으로 이익을 많이 보았기에, 쌀을 생산하는 토지의 가격 역시 올라가는 것은 당연한 순서였다. 또한 개항기는 인플레이션이 극심했던 시기였으니 현물인 땅값도 같이 오를 수밖에 없었다.

　　원래 토지의 가격은 저렴했는데, 농산물 수출이 크게 늘어 땅값도 이제 싸지 않다. 따라서 재산가의 토지 겸병은 더욱 늘고 있다. 그리고 작은 규모의 지주는 각지에 흩어져 있으나, 대지주는 서울에 많이 거주해, 다른 소작인 가운데 믿을 만한 자를 뽑아 감독시킨다. 이를 사음舍音이라 한다.*

〈표-12〉를 보면, 토지의 가격이 1768년 950냥에서 1876년 2,700냥으로 3배가량 오르는 데는 100년 가까운 시간이 걸렸다. 반면 개항 당시 2,700냥이던 토지가 1만 8,500냥으로 7배가량 오르는 데에는 개항 후 17년이면 충분했다.

따라서 농민들의 대출금 대신 담보였던 농토를 받는 것이 이자놀이보다 남는 장사였다. 처음부터 이자를 받을 목적이 아니라 땅을 빼앗을 속셈으로 빌려주는 일도 많았다. 개항 전

* 가토 스에로, 『조선농업론』, 1904, 165쪽.

<표-12> 전라도 나주 지방의 농지 가격*

연도	가격 (냥)
1768	950
1788	1,500
1805	1,500
1822	1,700
1848	1,800
1876 (개항)	2,700
1893	18,500

조선에서는 농작물을 담보로 삼고 돈을 빌려주었으나 개항 후 일본인들은 토지를 담보로 삼았으므로, 많은 자영 농민들이 농사가 안 되는 즉시 자신의 생산 밑천을 빼앗기고 소작농으로 몰락하게 되었다. 이래서는 조선 조정에서 운영했다가 많은 부정부패를 낳았다고 비난받는 환곡還穀 제도가 양반으로 보일 지경이다.**

* 김용섭, 『조선후기 농업사 연구』, 1970, 273쪽.
** 환곡이란, 농민들이 먹을 것이 떨어지는 봄철 즈음에 곡식과 종자를 빌려주고 가을에 추수를 하면 갚을 수 있게 하는, 일종의 국가 단위의 구호 사업이었다. 이렇게 취지는 좋았지만, 조선 후기에는 가을에 돌려받는 곡식에 많은 행정비용이 덧붙여지고 관리들의 농간이 심해지면서 가혹하게 뜯어가는 징세 형태로 변질됐다.

농업 경영자라는 미명하에 오히려 높은 이자로 대부업을 하는 자는 매우 많다. 농토를 담보로 잡고 고리대금업을 하는 자들은, 조선에서 아마 가장 안전하고도 많이 남는 장사를 하고 있을 것이다.*

일본인들은 점차 대부업을 하는 동시에 대지주가 되어갔다.

정식으로 토지를 매입해도 편하게 땅을 가질 수 있는 것은 틀림없으나, 조선에서는 이보다 더 쉽게 땅을 넓히는 방법이 있다. 어떻게 하느냐 하면, 땅을 저당 잡고 빚을 못 갚으면 땅을 받는 것이다. 저당 사업은 전당포와 함께 조선에서는 가장 유력한 사업이며, 유리함에 비해 위험도 극히 적으므로, 다소 자본의 여유가 있는 사람은 이 방법에 의해 땅을 넓히는 것이 편리하다.**

이런 상황을 자세히 들여다보지 않으면 마치 일본인들이 선진 금융 기법을 전수했다느니, 조선 농민들이 잘 몰라서 땅을 일본인들에게 팔아넘겼다느니 하는 소리를 하게 되는 것

* 오카자키 엔코(岡崎遠光), 『조선금융 및 산업정책』(朝鮮金融及産業政策), 同文館, 1910, 237~238쪽.
** 조선 기업 안내(朝鮮企業案內), 『실업의 조선』(實業の朝鮮), 1904, 70쪽.

이다.

개항 후 점차 많은 규모의 토지가 일본인 소유로 넘어갔다. 광무양전光武量田에 의하면 광무 8년[1904년] 6월 기준으로 11개 군에 걸쳐 일본인 41명이 토지를 가지고 있었으며, 부산에는 바로 1년 전에 60명의 일본인 땅주인이 있었다. 1899년 군산이 개항된 후에는 전북 평야에 100정보의 일본인 대토지 소유자도 나타났다.[*] 그런데 외국인의 토지 소유는 1906년까지도 조선의 법으로 엄히 금하고 있었음에도 기록에 버젓이 나타나고 있었다는 데 그 심각성이 있다. 외국인의 소유지가 끊임없이 늘어나자 조선 정부는 만만한 조선 백성들을 위협이라도 해서 추세를 늦춰보고자 했으나 별 소득은 없었다. 다음은 1901년 대한제국 정부에서 내린 명령이다.

> 대한제국 인민 외에는 전답의 소유주가 될 권리가 없으므로, 제국 인민으로서 명의를 외국인에게 대여하거나 외국인과 더불어 비밀로 거래하거나, 혹은 담보로 넘긴 자는 사형에 처한다.[**]

[*] 김용섭, 「광무, 양안(量案)에 관한 연구」, 『아시아연구』 31호, 1963.
[**] 와다 이치로(和田一郎), 「토지제도」, 『지세제도 조사보고서』, 1920, 190~191쪽.

이처럼 조선 농민의 어려움을 틈타 일본인들의 돈놀이가 성행했으며, 그 결과 많은 토지가 일본인의 소유로 들어갔다. 이런 식으로 나름 합법으로 얽어서 토지를 넓혔기 때문에, 조선 농민들이 일본에게 조직적으로 땅을 빼앗겼다는 인식에 이르는 데에는 시간이 필요했다. 설령 억울하다 하더라도 대부분이 작은 규모의 농민이었으니 일본인들에게 맞서는 일이 쉽지 않았고, 자국민을 보호해야 할 조선 정부는 일본의 허수아비가 되어 자기 앞가림도 못하는 형편이었다. 차차 일이 어떻게 돌아가는지 깨닫게 된 조선 사람들은 일본 배척 운동을 일으키게 된다. 1900년을 전후로 큰 사건이 일어날 때마다 조선 곳곳에 일본에 대항하는 의병이 일어났던 것에는 이런 배경이 깔려 있었다.

　반면 일본 사람들에게 조선은 신나는 사업의 기회였다. 조선 땅에서 일본인의 우위를 십분 이용해, 얼마든지 자신의 '사업 수완'이나 '근대적인 경영 기법'을 발휘할 수 있었던 것이다.

　　그 매상고는 지방에 따라서 높낮이가 있음은 물론이나, 1개월에 300원어치의 상품을 팔면 100원 내지 200원의 이

美味 滋養 葡萄酒
赤玉ポートワイン

1922년(다이쇼 11년) 일본 최초 누드 광고
약 15년간 이어진 다이쇼 시대는 개인의 가치와
이상주의가 만연했던 시기다. 이러한 풍토에서 비롯된
문화 현상을 다이쇼 로망이라고 부른다. 사상적 개방의
시기에 코토부키야(현 산토리)의 아카다마 포트와인
광고에 여성 누드 모델이 등장했다.

익을 얻는 것이 보통이었고, 때로는 1,000원어치의 상품을 팔아 1,000원의 이익을 올리는 자도 적지 않다. …이러한 상품은 교통이 불편한 조선 내지에서 조선인을 상대로 하는 영업이므로 이를 주요 도시에서 모국 일본인을 고객으로 경쟁하는 장사에 비교하면 그 이익이 막대하며…*

같은 상인이 일본에서 장사하면 조선에서만큼 이득을 낼 수 없음을 인정하고 있다. 그러니 조선 땅에서 일본 사람들의 성공이란, 개개인의 경영 기법보다도 조선 시장 자체가 일본인들에게 유리한, '기울어진 운동장'이었기에 가능했던 것이었다. 그러나 이 부분은 쏙 뺀 채로, 많은 일본 역사가들은 '조선에서 맨손으로 부富를 일군 일본 상인' 등등의 성공 신화들을 발굴해, 조선인들보다 월등한 경영 능력의 결과라고 떠들어대곤 했다.

구마모토態本 군은… 메이지 37년1904년 러일전쟁 중에 달랑 현금 3엔을 가지고 군산에 도착한 것이 조선 생활의 첫걸음으로서… 조선의 경제도 세계적인 추세에 따라 활발해

---

* 가지카와 한자부로(梶川半三郎), 『실업의 조선』(實業之朝鮮), 朝鮮研究會, 1911, 526쪽.

지자, 그 시기를 틈타 사업을 벌여… 초기에 동쪽에서 1천의 논을 얻고, 후기에 서쪽에서 1만의 밭을 획득하는 기세를 몰아, 지금은 3,200정보町步를 가진 대지주가 되었다.*

이렇게 조선에서 성공을 거듭하던 일본인들은 몇 년이 지난 1910년에 한일합병을 성사시키고, 조선에서 열심히 뜯어온 돈으로 '낭만'을 즐기는 시대를 맞았다. 1912년 무렵의 다이쇼大正 로망이 그것이다.

---

* 히사마 겐이치(久間健一), 『조선농업의 근대적 양상』(朝鮮農業の近代的樣相), 西ヶ原刊行會, 1935, 5쪽.

12 화폐정리 사업과 민족자본

일본이 조선을 한참 장악하고 있었던 1896년, 고종은 일본 군에게 둘러싸여서 그들이 위협하는 대로 도장을 찍고 있었다. 동학농민운동 때 함부로 외국 군대를 불렀다가 맞이한 결과였지만, 대가는 상상 이상으로 참혹했다.

일본은 다른 열강과 달리 해외 식민지라고는 조선과 대만이 처음이라 가끔 치밀한 계획을 세워 행동하기도 했지만, 봉건시대에 하듯이 무작정 쳐들어가 베고 보는 야만적인 모습도 보였다. 왕비 민씨가 러시아와 함께 일본에게 대항하려 하자 무사들을 보내 궁궐에서 왕비를 시해하는 일까지 벌였던

1895년	1896년	1904년	1910년
청일전쟁 (을미사변)	아관파천 (러시아의 영향력 강화)	러일전쟁 (일본의 지배 보장)	한일합병 (완전 식민지화)

©위키미디어

1900년경 러시아 공사관

1896~97년 고종이 경복궁을 떠나 러시아 공사관으로 피신한
아관파천(俄館播遷)의 장소다.

것이다.[1895년 을미사변].

　이렇게 거리낌없이 무력을 휘둘러대는 일본에게 저항하려고 하니, 이제는 일본군 이상의 무력을 가진 다른 나라와 손을 잡는 방법밖에 없었다. 1896년, 고종은 궁궐을 몰래 빠져나와 러시아 공사관으로 피신한다. 처음에는 미국 공사관으로 탈출하려고 했으나 실패하고,* 조선 각처에 의병이 일어나 일본군의 경비가 약해진 틈을 타 러시아 공사관 쪽을 시도해 성공한 것이다.

　이로써 러시아가 조선의 국왕을 '보호'하게 되었고, 고종은 그 답례로 여러 이권을 러시아에게 주었다. 러시아가 조선의 많은 부분을 차지하게 되면 이권 때문에라도 일본과 맞설 것이라는 생각이었다. 부동항[不凍港, 겨울에 얼지 않는 항구]을 찾아서 지구 반 바퀴를 돌고 있던 러시아 입장에서는, 이권도 좋지만 부동항이 가득한 동아시아의 요충지 조선에서 영향력을 행사한다는 것 자체가 매우 환영할 만한 일이었다.

　반면 일본은 난리가 났다. 정한론[征韓論]에서 보았듯이, 옆 나라 조선을 먹어야만 열강 행세라도 할 정도로 클 수 있다는 것

---

* 고종 32년(1895년)에 발생한 춘생문 사건을 말한다. 경복궁 춘생문에서 친러파·친미파·개화파 대 친일파 간의 무력 충돌이 있었다.

이 일본 정치·경제계의 일치된 생각이었다. 그런데 한참 공략하며 재미를 보는 와중에 러시아가 별안간 나타나 자기 집 앞마당 격인 조선에서 밀려날 상황이 된 것이다. 조선과 대만 말고는 마땅한 해외 수입원이 없던 일본에게 조선에서 나가라는 것은 미국에게 강제로 개항당하던 시절1853년 — 불과 40여 년 전이다 — 로 굴러떨어지라는 말과 다름없었다. 그런데 러시아는 당시 열강 가운데서도 군사력으로 손에 꼽는 강대국이었으니, 갓 성장한 일본이 러시아를 상대로 대든다는 것은 상상하기 힘들었다.

나비의 날갯짓 같은 작은 차이가 큰 폭풍우를 가져오는 경우는 흔하지 않다. 그러나 고종이 미국 공사관이 아닌 러시아 공사관으로의 탈출에 성공했기 때문에 미국 대 일본의 충돌 대신 러시아 대 일본의 충돌을 가져왔다는 점에서, 이 아관파천은 그런 흔하지 않은 예 가운데 하나일 것이다.*

한편 러시아가 꿈에 그리던 부동항을 손에 넣는 현실이 다

* 일본이 미국보다는 러시아와 충돌할 가능성이 더 높긴 했는데, 일본과 러시아는 청나라 만주의 지배권을 두고 대립하고 있었기 때문이다. 일본이 청일전쟁의 승리로 청나라에게서 랴오둥(요동)반도를 받았다가 러시아·독일·프랑스의 압력으로 다시 청나라에게 돌려줘야 했던 일도 있었다(삼국간섭, 1895년).

가오자 다른 나라들이 움직이기 시작했다. 특히 영국의 '그레이트 게임'Great Game은 유라시아, 나아가 전 세계의 패권을 위해 러시아의 남쪽 진출을 막는 것을 대전략으로 삼고 있었는데, 조선이 러시아에게 떨어지면 그동안 들인 노력——크림 전쟁 등——들이 다 물거품이 될 수가 있었다.

러시아가 조선으로 내려올 것을 대비해 조선 조정에서 신경조차 쓰지 않던 거문도에까지 군대를 주둔시켰키던 것이 영국이었다1885년 거문도 사건. 아관파천 직후 영국은 일본에게 대규모의 저금리 대출 등 전폭적인 지원을 하면서, 악에 받쳐 있던 일본에게 러시아와 한판 붙어보라며 부추겼다. 영국이 직접 러시아와 싸우기보다는 일본에게 돈을 쥐어주면서 대신 피를 흘리게 하는 것이 편리했던 까닭이다.

영국 입장에서는 일본이 러시아를 어느 정도 물고 늘어지기만 해도 성공이라고 생각했는데, 예상 밖으로 일본이 러시아에게 상당한 피해를 입혀 승리하는 결과를 맞이했다1904년 러일전쟁. 러시아는 자국 영토의 동쪽 끝에 위치한 조선 부근까지 보급을 하기에 어려웠던 반면, 조선을 빼앗기면 나라가 망한다는 위기의식에 빠졌던 일본 정부는 자국민 몇만 명 쯤은 죽어도 좋다는 식으로 밀어붙였던 것이다. 러일전쟁의 승리로 일본은 조선에서 확실한 우위를 갖게 되었고, 세계 열강 사이에서 '꽤 쓸 만한 녀석' 정도의 대우를 받는 수준으로 지위가 올라갈 수 있었다. 그러나 필사적으로 달려들어 군인들의 목숨까지 소모하면 좋은 결과가 나온다는 위험한 결론도 함께 얻었다.*

러일전쟁의 승리로 거칠 것이 없어진 일본은 조선을 확실히 자기 것으로 만들려 했다. 사실 일본이 전쟁에서 승리했다지만, 러시아는 자신들이 패배한 것이 아니라 국내 사정으로 잠시 봐준다는 식의 태도였고 배상금도 내지 않았다. 결국 일본은 영국 등에 막대한 빚만 지고 전쟁으로 얻은 것이라고는 조선에 대한 지배권 확인 정도밖에 없어서, 어떻게든 조선에서 손해를 메꿀 방도를 찾아야 했다.

이즈음에 일본이 조선에서 실시한 것이 1905년의 화폐정리사업이다. 앞서 본 바와 같이 조선의 화폐 경제는 기존에 있던 상평통보·당오전·백동화에다가 일본 엔화, 그리고 제일은행권까지 섞인 혼란 그 자체였으므로, 한번 정리할 필요는 있었다. 일본인 재정고문으로 온 메가타 다네타로目賀田種太郎가 주

* 이때 얻은 '교훈'을 제2차 세계대전까지도 계속 꺼내들다가 완전히 패망한다.

도해, 새로운 화폐를 만들어 (일본 상인들이 일으킨) 백동화 인플레이션을 수습한다는 명분을 내세웠다.

그런데 일본의 궁극적인 목적은 조선의 화폐 경제를 바로 잡는 것이 아니라 엔화로 조선 경제를 묶는다는 것이었으므로, 실시하는 과정에서 조선 사람들이 어떻게 되는지는 고려하지 않았다. 여기에 러일전쟁이 완전히 끝나지 않았고 일본은 영국에 빚을 내가며 전쟁을 하는 형편이었으니, 이 기회를 이용해서 조선에서 벌충을 하자는 의도도 명확했다. 더구나 이 화폐정리 사업은 명목상으로는 조선 정부 주도여서 필요한 자금 300만 엔은 당시 대한제국 정부가 일본에서 빌린 것으로 계산했기 때문에 손해볼 여지를 더욱 줄였다.

화폐정리 사업으로 조선에 있던 돈은 거두고 일본 엔화를 퍼뜨린다는 계획은 일찍부터 세워져 있었다. 다음은 일본 공사가 화폐정리 사업 반 년 전에 일본 정부에 올린 보고문이다.

한국대한제국의 화폐제도 개혁을 용이하게 하기 위해서는 일본 화폐의 유통구역을 확정할 필요가 있기에, 지난날 한국 외무대신과 협정을 맺을 때에도 일본 화폐를 한국 화폐와 병행 유통시키는 규정을 넣어두었다. 본국에서 나의 이

런 생각에 동의한다면, 이번 기회를 이용해 가급적 일본 화폐를 한국 내륙까지 사용하도록 힘쓰겠다.[*]

그러나 옛 화폐를 거두어들이고 새 화폐를 발행할 때에는 기습적으로 며칠 전에 발표했다. 물론 일본 측 주요 인사들은 다 알고 준비를 해놓았지만, 조선에서 화폐, 특히 백동화를 많이 가지고 있던 사람들은 일대 혼란에 빠졌다.

> 정부는 백동화 교환 규칙을 6월 29일 관보官報에 올려 공포해 7월 1일부터 실시하니… 정부가 민民을 속인 사실이 분명하다. …이것은 경제계를 혼란케 해 상인들이 파산하게 함이니, 눈먼 사람을 속여 끓는 물을 삼키게 하는 것과 같다.[**]

그해 1월에 신화폐조례新貨幣條例라고 해서 새로운 화폐를 만든다는 낌새는 있었다. 그러나 언제 새 화폐가 발행되는지, 그 가치는 얼마인지, 옛날 화폐는 어떻게 되는지 등의 정보는 일본인들에게만 있어서, 조선 사람들이 대응할 방법이 없었다.

[*] 국사편찬위원회, 『고종시대사』 6, 주한일본공사관 기록, 광무 8년 (1904년) 11월 23일자.
[**] 『황성신문』, 광무 9년(1905년) 11월 13일자.

일단은 가지고 있는 화폐──주로 백동화──를 써서 현물을 사들이는 것으로 대비했는데, 모두가 백동화를 처분하려고 하자 그렇지 않아도 가치가 낮았던 화폐가 처참할 정도로 값어치가 없어졌다. 반면 일본 상인들은 이 백동화들을 줍다시피 하면서 모았다. 새 화폐와 어떤 비율로 교환될지 미리 알고 있었기 때문이었다. 설령 일본 상인들이 손해를 보는 상황이 생기더라도, 화폐정리 사업은 일본 정부가 마음대로 하는 사업이니 교환비만 바꿔주면 그만이었다.

정부 정책으로 인해 쓰라린 경험을 많이 갖고 있는 한인들은 백동화의 교환에 대해 그에 상당한 대금을 받을 수 있을까 의심하고 예상치 못한 손실이 날까 두려워해 모아둔 백동화는 되도록 빨리 토지 또는 그 밖의 물품과 바꾸어두려는 경향이 발생했다. 이에 백동화 가격은 하락했고 그 하락은 더욱 불안감을 주었다. 한편 일본과 청나라 상인들은 이 기회를 이용해 백동화를 사들여 이익을 보고자 했다.*

새 화폐로 교환을 시작할 때도 일본인들에게 철저하게 유

* 시부사와 에이이치, 『한국화폐정리 보고서』, 1909, 70쪽.

리한 방식으로 진행했다. 첫째로 백동화를 모두 새 화폐로 바꾼다고 했다가, 새 화폐를 찍어내려면 비싸니 그냥 제일은행권으로 바꾸도록 했다. 어차피 제일은행권은 엔화에 연동한 것이라 기대되는 효과는 같았기 때문이다. 그래서 제일은행이 마치 중앙은행처럼 은행권을 발행해 백동화를 회수하는 역할을 맡았는데, 교환비율도 한 가지가 아니라 두 종류였다.

첫째는 동전의 품질을 보아 좋다고 보여지면 정식 백동화든 위조(!)든 간에 2전 5리로 계산한다는 것. 둘째는 품질이 떨어지는 나머지는 1전이라는 것이다. 그런데 이 품질 기준이 동전을 받는 제일은행 마음이라, 같은 동전이라도 조선인이 바꾸려 하면 1전인데, 나중에 일본인이 가져가면 '고객우대' 한다며 2전 5리로 쳐주는 일도 발생했다.

백동화를 빨리 은행권으로 바꾸기 위해 세금도 백동화로 내도록 했는데(갑오개혁으로 세금을 100% 화폐로 내게 했음을 기억하자) 이때는 2전 5리의 '좋은' 백동화만 받아주었다. 그렇게 몇 년이 지나고서도 회수되지 않던 백동화는, 1908년 5월 말 이후 일종의 떨이처럼 지정된 상인이 싼 가격으로 사들였다. 지정된 상인이란 당연히 규모가 큰 일본 상인들이나 일본인 은행들이었다. 이 지정 상인들이 제일은행에 백동화를 가져가면 1전짜리가 다시 2전 5리로 바뀌는 경우도 있었다.

이러한 차이는 고스란히 조선 사람들의 손해로 이어졌다. 특히 돈을 상대적으로 많이 취급하던 상인들의 타격이 컸다. 일본 상인들의 횡포를 어찌어찌 이겨내며 이제껏 장사를 하던 조선 상인들이 모두 망할 지경이었다.

여기에 전황錢荒까지 발생했다. 전황이란 시중에 풀린 돈이 부족해 문제가 되는 것으로, 물건은 있는데 현금이 없어서 지불을 못 하는 상황을 말한다. 예를 들면 빨리 집을 팔아서 돈을 마련해야 밀린 세금도 빚도 갚는데, 현금을 가진 사람이 드물어서 집이 안 팔리는 현상이다. 현금을 마련하지 못하면 세금이나 빚을 못 갚고 결국 담보로 잡힌 집이나 땅을 빼앗기게 된다.

제일은행과 일본 정부 입장에서는 화폐를 더 발행하려면 자기네 돈이 들고, 일본인들은 어차피 미리 알고 준비를 단단히 해놓았기에, 조선 시중에 돈이 부족하든 말든 느긋하게 대처했다.

이번 교환의 방법이 온전하지 못해, 시장에 있던 화폐는 교환소로 주입되었으나, 새로 발행한 화폐의 방출은 극히

완만하다. 이르기를, 오늘 청구한 자는 한 달이나 두 달은 기
다려야 한다고 하며….*

당장 현금이 부족해서 거래를 못 하게 된 조선 상인들이 비
명을 질렀다.

최초로 교환이 시작된 서울에서 조선 상인들은 급히 백
동화를 팔고 어음을 남발해 물건으로 바꾸는 거래를 했다.
그러나 일단 현금 계산을 할 때가 오자 지불할 현금이 부족
해 이로 인해 서울은 금융경색으로 공황상태에 빠졌고, 종
로 상인들이 점포를 닫고 정부에 구제를 호소함에 이르렀
다.**

서울의 거상巨商들이 모여 유통자금 300만 원을 급히 지원
해줄 것을 정부에 요구할 정도로 현금 부족 문제가 심각했다.***
이런 거상들이 현금이 없어 망한다는 이야기는, 오늘날로 치
면 대한민국을 대표하는 기업들이 현금이 부족해 위기에 빠

* 『황성신문』, 광무 9년(1905년) 8월 30일자.
** 시카타 히로시, 「조선 근대자본주의의 성립과정」, 『조선사회경제사연
구』, 1933, 115쪽.
*** 『황성신문』, 같은 곳.

졌다는 말과 비슷하다. 이들이 없어지면 그나마 얼마 남지 않은 조선 정부의 후원자들도 사라진다는 뜻이었다. 왕실이 내탕금內帑金, 왕의 개인 금고에서 35만 원을 급히 지원한 까닭이 여기에 있다.

그러나 이미 화폐의 주도권은 일본과 제일은행이 가지고 있는 상황이었다. 조선 상인들이 망하는 것은 이들에게 오히려 기회였으니, 그저 강 건너 불구경이었다. 제일은행은 새 돈을 너무 빨리 만들면 신용이 떨어진다며 여유로운 태도를 취했다.

> 당사자인 제일은행은 신기한 화폐를 인민이 신용하지 않는데도 강제할 수 없다는 이유를 들어 새로운 보조화폐의 발행에 대해서는 극히 소극적인 태도를 취해….*

대기업이 한꺼번에 망하면 그 여파가 경제 모든 곳에 미칠 수밖에 없다. 일단 대출이나 투자가 다 말라붙었다.

> 요새 현금이 부족해 현금 거래가 장차 어떻게 될지 아무도 알 수 없으니, 사람들이 돈을 빌려주지 않으며, 투자도 하

* 시카타 히로시, 앞의 책, 120쪽.

지 않으니….*

이러한 신용 경색이 일어나자, 일본 상인들에게 급한 대로 돈을 빌렸다가 담보로 잡혔던 부동산을 잃는 일도 허다했다. 이 당시 조선에서 쓸 만한 돈인 엔화와 제일은행권을 가진 자들은 모두 일본인들이라 이들에게 빌리는 것 말고는 별달리 방법이 없었던 까닭이다.

돈이 많은 상인이나 땅 주인이라고 해도 하루하루를 버티기 어려워서, 땅문서니 집문서니 있는 대로 외국인들에게 담보로 잡히고 비싼 이자로 대출을 받고 있다. 이도 모자라면 친구나 친척들에게 빌려 돌려 막는 데에 급급하니, 지금 상황이 땅이고 집이고 다 외국인들 손에 넘어갈 판이라 한다. 땅과 집이 모두 외국인들에게 넘어가면 조선 사람들은 무엇을 먹고살 것인가. 한마디로 전 국민이 다 망할 수밖에 없다 하니, 오호嗚呼라 참으로 망하고 말는지….**

이 화폐정리 사업이 가져온 온갖 혼란의 결과로, 돈이 좀 있

---

* 『황성신문』, 광무 9년(1905년) 11월 17일자.
** 같은 곳.

었던 조선 사람들은 거의 다 망해 사라지게 되었다. 조선 사람이 크게 투자해서 민족 산업을 일으키는 등의 활동은 이후 오랫동안 시도하기 힘들어지게 된 것이다. 개항기를 거치며 점점 궁해졌던 조선 경제에 화폐정리 사업이 마지막 결정타를 날렸다고 볼 수도 있다. 이런 역사를 외면한 채, 많은 일본인 학자들은 조선 사람은 자본을 투자하는 등의 건설적인 생각을 못하는 우매한 민족이다 등등의 소리를 하곤 했다.

> 자본의 축적도 없고, 기업적 정신에 충만한 계층도 없었으며, 대규모 생산에 쓰일 기계도 기술도 없었다.*

그러나 이제껏 살펴보았듯이, 조선에서 투자가 부실해진 것은 그나마 남아 있던 자본마저 일본이 조선을 침략하면서 쓸어간 까닭이었다. 일본 학자들 가운데 상당수는 이런 과정을 알고서도 식민지 지배를 정당화하기 위해 위의 주장을 내세웠을 것이다.

이 혼란통에도 어찌어찌 버텼던 조선인 땅부자들이 소수 있었고, 이들이 나중에 조선 사람의 공장을 세운다든지 하는

* 시카타 히로시, 앞의 책, 7쪽.

생산적인 활동을 펼치게 된다. 그 창업 열의에는 일본 정부가 놀랄 정도였다.

요새 조선인의 기업열이 철저히 발흥해 지방 자산가는 은행의 설립을 계획하거나 주식회사를 세워 주주들을 모집하려는 자가 많은데, 이들의 경향은 일본인에 대항해 경제상의 압박을 가하려는 데 목적을 두고 있다.*

위의 1911년 고등경찰 보고서에 나타난 것처럼, 조선 사람들의 밟아도 밟아도 일어나는 기업가 정신에 일본 정부는 크게 경계했고, 이들 민족 사업가들을 어떻게 눌러야 할지 궁리했다. 조선의 기업인들은 일본에게 자본과 여건을 빼앗겼을 뿐, 필요하다면 얼마든지 해낼 수 있는 사람들이었던 것이다.

* 일본 고등경찰(高等警察) 제32778호 민정(民政)보고, 1911년 11월 19일 경남지사.

제3부
강점기

13 일본인들의 근대적인 조선 농장

러시아까지 쫓아내고 국제 열강 사이에서 조선의 지배권을 보장받자, 더 이상 일본이 망설일 것은 없었다. 상인들을 보내 조금씩 파고들어가는 방법에서 벗어나, 이제 일본은 본격적으로 식민지 경영을 해보기로 작정했다.

조선에서 제일 쓸 만한 품목이 쌀 등의 곡물이었으니, 조선의 땅을 이용해서 조선 사람들을 일꾼으로 부려 대량으로 생산하는 방식을 도입하려 했다. 일종의 플랜테이션plantation 사업을 벌인 것인데, 플랜테이션이란 서구 열강이 식민지에 대규모 농장을 짓고 현지인들을 일꾼으로 부려 코코아·설탕·담배

1904년	1910년	1918년	1919년
러일전쟁 (일본의 지배 보장)	한일합병 (완전 식민지화)	토지조사 사업 완료 (토지정보파악)	3·1 운동 (조선 민족의 저항)

등의 상품 작물을 생산하는 것을 말한다. 일본은 이것이 조선 농업의 근대화라며 떠들어댔다.

조선인들을 노동자로 고용해 이를 계발하고… 조선의 토지를 개척·경작하고 서서히 이를 자본화하도록 그 기술을 가르쳐야 한다. …그런데 조선에 이미 많은 경제적 설비를 해놓았고 수천 년의 교류를 통해 얻은 지식에다가 동정심으로 조선인을 부리는 데 익숙하며, 한국의 토지를 사실상 사유화하되 농업 경영을 시도하고, 그 생산품인 쌀에 대한 최대의 고객인 우리 일본인은 이 사명을 충당함에 가장 적당하다 하지 않겠는가.*

불과 수십 년 전 조선의 개항기에 상인을 침투시켜 겨우 돈을 벌어 기반을 세운 일본이, 러일전쟁 전인 1903년경에 벌써 조선을 근대화시키는 것이 일본인의 숭고한 사명이라며 자아도취에 빠져 있는 모습이 보인다.

우리 일본 민족의 봉건적 교육은 세계 문화사상 가장 완

---

* 후쿠다 도쿠조(福田德三), 「한국의 경제조직과 경제단위」(韓國の經濟組織と經濟單位), 1903.

전한 것에 속하고, 토지에 대한 가장 집약적 농업자이며, 인간성에서는 조선인이 가장 결핍한 그 용감한 무사 정신의 대표자다. 정치상 필요하든 말든 간에, 한인에게 그 부패 쇠망의 극을 이루는 '민족적 특성'을 뿌리 뽑아 일본에게 동화시켜야 할 자연적 운명과 의무가 있다. 우리가 '유력·우세한 문화'로서 사명의 무거움을 맡아야 하지 않겠는가.*

이런 '근대화'를 거창하게 하려면 제도나 법률을 모두 고쳐야 하니, 한일합병 이후에나 본격적으로 실시한다 하더라도 이미 많은 일본인들이 조선에 토지를 갖고 그들의 방식으로 농장을 경영하고 있었다. 개항기부터 쌀을 일본에 팔아 돈을 버는 것이 일본 상인들의 주된 사업이었으니, 아예 조선에서 땅을 사서 쌀까지 직접 생산해버리면 더 많이 남을 것이라 생각하는 것은 당연한 수순이었다.

토지가 일찍이 개척되고 인구가 많으며, 더욱이 토지의 가격이 저렴해 토지 투자에 대한 수익률이 좋고, 또한 다른 적당한 투자처가 없는 상황에서, 자본을 가진 외국인이 땅

* 같은 글.

을 사서 지주가 되려고 하는 것은 지극히 당연한 경향이다.*

조선은 개척된 토지가 많고 일을 시킬 사람도 충분하고 심지어 땅값까지 싸니, 일본인이 농장을 만들면 수익이 많이 난다는 관찰이다. 앞에서 말한 대로, 땅을 얻는 방법으로는 이자도 먹고 땅도 먹는 고리대금업이 가장 흔했다.

일본인 농업자라 함은 대개 자신이 직접 농사를 짓든 소작을 주든 간에 땅 주인을 일컬음이니, 그 가운데는 농업 경영자의 미명하에 고리대금업을 하는 자도 적지 않다.**

그런데 외국인이 조선에서 토지를 소유하도록 돕는 것은 사형에 해당하는 중죄였는데도 일본인들은 아랑곳하지 않고 땅을 넓혀갔다. 외국인에게는 대한제국의 법이 한없이 무력하다는 점을 이용한 것이다.

일본 정부는 일본 상인들의 불법 토지 매입을 전혀 제지할 생각이 없었다. 오히려 합법화시키려고 조선 정부에 압력을 가했다. 1904년 일본 정부는 황무지 개척권을 요구했으나, 조

* 조선농회(朝鮮農會), 『조선농업발달사』, 발달편, 1944, 555쪽.
** 같은 곳.

선은 아관파천의 경험을 바탕으로 러시아를 믿고 이를 거부했다.* 러일전쟁이 끝나 일본의 우위가 확실해진 1906년에 이르자, 일본은 토지가옥증명규칙土地家屋證明規則을 만들어 일본인들의 조선 토지 소유를 합법화한다.

조선은 조약상 거주지 및 그 주위 1리 이내가 아니면 외국인에게 토지 소유를 허용하지 않았던 것이나, 통감각하統監閣下는 그와 같은 일이 조선 개발을 위해 조선인들의 복리를 증진시킴에 매우 부적절함을 보고, 이를 없앨 필요가 있다고 인정해 비상한 노력으로써 조선 정부에 훈시한 결과… 조선 정부가 토지가옥증명규칙을 발표하게 해, 조선 내 어느 곳이든지 외국인이 토지를 소유하고, 또한 그 공증을 정부에게 요구할 수 있는 길을 열었다.**

1908년에는 동양척식회사를 세워 조선 개척 사업에 본격적으로 뛰어들었다. 동양척식회사란 한마디로 토지 개발 회사라고 볼 수 있는데, 원래는 황무지를 개척해 농토로 만들어 농민

* 이병경, 「일본인의 황무지 개척권 요구에 대해」, 『역사학보』, 1964, 22쪽.
** 부동산조사회, 「토지건물증명규칙요지」(조선농회, 앞의 책, 16쪽에서 재인용).

에게 판매한다는 목표를 내세웠지만, 주된 사업은 조선 농민의 땅을 싸게 사들여 농장을 만들어 경영하는 것이었다. 일제 강점기 조선에서 제일 땅이 많은 회사는 바로 동양척식회사였다. 회사를 만들 때는 일단 한일합병이 되기 이전이었기 때문에, 위험 분산 목적으로 대한제국 정부로부터 3,700정보의 역둔토驛屯土, 지방관청의 비용을 조달하기 위해 쓰이던 토지를 받아 지분의 4분의 1을 받는 형식을 취했다.

이 시기에 이르면 조선 정부의 재정은 일본 정부 마음대로 쓰는 금고와 다를 바 없었으니, 이 부분을 두고 일제의 토지 사업에 조선 정부도 참여했다느니 하는 평가를 해서는 안 된다. 앞서 엔화를 보급하려는 목적으로 화폐정리 사업을 할 때도 300만 원의 비용을 조선의 빚으로 삼아서 실시했을 정도였음을 기억하자.

조선 정부의 빚이 너무 많아지자 국민들은 1906년 국채보상운동까지 일으키게 되지만, 애초에 국민들이 아무리 허리띠를 졸라매어 성금을 낸들 나라의 빚 문제는 해결될 수 없었다. 조선 사람들이 성금을 얼마를 내든지 간에, 조선 재정을 완전히 장악하고 있는 일본이 펜대만 놀려서 조선 정부가 일본에게 빚을 더 냈다고 장부에 적으면 그만이었기 때문이다. 사업의 이익은 일본 정부와 일본인들이 갖고, 빚은 조선 정부에 청구되는 편리한 구조였다. 동양척식회사 같은 사업에 이용하지 않는 것이 이상할 것이다.*

한일합병까지 1910년에 이루어지자 일본인들의 조선 땅 사들이기는 더욱 거칠 것이 없어졌다.

<표-13> 조선의 일본인 농장**

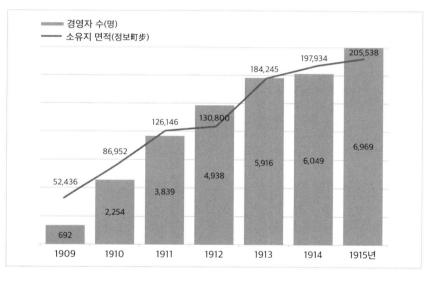

* 일본 수상에게 보낸 보고서에서 이런 종류의 차입금들이 "보호목적을 달하는 데 부득이한 것"이라고 설명하고 있다(조선총독부, 『조선의 보호 및 병합』, 1917, 250쪽).
** 조선농회, 앞의 책, 591쪽.

동양척식회사
을지로 2가에 자리했던 동양척식회사 본점의 전경사진이다.
1908년에 설립된 동양척식회사는 당초 서울에 본점을 두었으나
1917년에 일본 도쿄로 본사를 옮긴 이후 원래의 자리에는
경성지점을 설치했다.

대부분의 조선 사람들이 작은 땅을 가지고 소작을 겸하면서 근근이 살았던 반면, 일본인들의 농장은 큰 규모를 자랑했다. 〈표-13〉의 조선농회 자료만 봐도, 일본인 경영자 수는 1915년 6,969명으로 전체 농가의 0.27%에 불과했는데 가지고 있는 땅은 조선의 6.48%에 달했다. 여기에 대부분의 일본인 소유 땅이 농사가 잘되는 전라도 지방에 집중되어 있었다.* 흔히 만석꾼이라고 부르는 200정보 이상 대농장 소유자도 일본인이 144명, 조선인이 60명으로 일본인이 더 많았다.

일본인들이 경영하는 농장은 어떤 다른 점이 있었을까? 일본인들 스스로는 현대적인 경영경제를 조선에 주입했다고 주장한다.

일본인 농장들이란, 그 규모나 경영 방법은 같지 않지만, 어느 것이나 농업경영의 효과를 확대하고 농업이윤의 증대를 시도하는 점에 있어서는 맥락이 같다. 각종 조사나 여러 시찰단 등이 일본에서 가져온 농업계산의 예에 따라 철저한 계산 후에 자본이나 노동의 투자가 이루어졌으니, 조선

---

* 문정창(文定昌), 『군국일본 조선점령 삼십육년사』(軍國日本 朝鮮占領 三十六年史) 상권, 柏文堂, 1965, 178쪽.

농업계에 현대적 의미의 경영경제를 주입한 것이다.*

그들은 현대적인 경영경제의 첫걸음으로 소작인들과의 관계를 계약서로 확실히 규정했다. 조선에서는 딱히 계약서를 만들 필요가 없었던 것이, 오랜 세월 동안 땅에서 주인과 소작농이 부대끼고 살아오며 관습법으로 정해져 있었기 때문이다. 구두계약으로 된 관습법이라 해도 오랫동안 지켜졌다면 그 효력이 상당해서 지역마다 소작농을 위한 여러 가지 권리가 존재했다.** 예를 들어 소작을 할 수 있는 권리를 아들딸에게 물려줄 수 있다든가, 소작권을 담보로 돈을 빌릴 수 있다든가, 소작권 판매를 허용하는 등이 그것이다.***

그런데 일본인 지주들과 작성한 새로운 계약서들에는 이러한 안전장치들이 다 사라져버렸다. 1909년 동양척식회사의 소작 계약을 보면 "회사는 필요하면 소작 계약을 해제할 수 있으며, 소작인은 즉시 그 요구에 응하고, 이의를 진술할 수 없음"이라고 명시되어 있다.

다른 일본인 지주들의 계약서도 마찬가지 조항들이 들어

* 조선농회, 같은 곳.
** 조선농회, 『조선의 소작관행』(朝鮮の 小作慣行), 1930, 52~103쪽.
*** 중도지(中賭地)·원도지(原賭地)·화리(禾利) 등 다양한 명칭이 있다.

있었다.* 특히나 역둔토 등 국가 소유의 토지는 소작료가 낮은 편이고 소작권 보호가 잘 되어 있었는데, 이들 땅의 소유권이 동양척식회사로 넘어가버림에 따라 새로운 소작 계약으로 바뀌었다. 이들 국가 소유 토지만 해도 당시 농경지의 25분의 1 정도였으며, 종사하는 소작농만 해도 33만 명을 넘었다.**

종이로 쓰인 계약을 만들었다는 것이 무슨 발전처럼 보이지만, 되려 소작농의 권리를 확실하게 줄여버린 것에 불과했던 것이다. 더욱이 관습법이 적용되던 조선 사회에서는 어차피 같은 지역에 오랫동안 살 사람들이라 상황에 따라 계약에 융통성을 발휘할 수 있었다. 가령 태풍이 닥쳐와서 마을에 피해가 심하면 지주고 소작농이고 마을 사람들끼리 모여서 이야기를 해볼 수 있었다. 소작료를 감면해주는 대신 지주 집을 고쳐주는 노동을 한다든지 하는 협상이 가능했다. 그런데 일본인이 대지주가 되면서 말도 통하지 않고 그 지역 조선 사람들의 사정을 볼 필요도 없는 일본인이 '유도리' 없이 주인으로 행세하기 시작했던 것이다. 거기에 더해 소작료도 크게 올

---

* 조선농회, 앞의 책, 304~305쪽.
** 시카타 히로시, 「조선 근대자본주의의 성립과정」, 『조선사회경제사연구』, 1933, 552쪽.

랐다.

원산 지방의 소작제도는 수백 년 전부터 행해왔고, 지금
에 이르기까지 때때로 어느 정도의 변천을 보았건만, 기록
된 문서가 없어 그 연혁을 알 수 없는데, 지주에게 이익이
적은 도지賭地법은 최근 줄어드는 경향이 있다. 소작료 역시
40~50년 전까지는 매우 낮았으나, 최근 물가가 오름에 따
라 점차 증가해, 러일전쟁 전후부터 오늘날과 같은 높은 액
수로 올랐다.*

위의 관찰에 더해 숫자를 보면 추세가 확실해진다. 다음 〈표-
14〉는 쌀값 대비 논의 소작료가 어떻게 변했는지 나타내는 것
이다. 1910년 한일합병 이후의 자료이니, 일본의 농장 경영이
본격화된 이후의 것이다. 또한 조사의 대상이 된 전라북도는
일본인 대지주가 전국에서 제일 많은 곳이었다.

러일전쟁 즈음1905년 소작료가 많이 올랐다는 위의 글을 제
쳐두고 1912년을 기준으로 삼는다면, 소작료 인상폭이 6배로
쌀값의 오름폭 4배를 크게 웃돈다는 것을 알 수 있다. 다른 지

* 조선농회, 앞의 책, 71쪽.

<표-14> 전라북도 소작료와 쌀값의 대비(1912년 기준)*

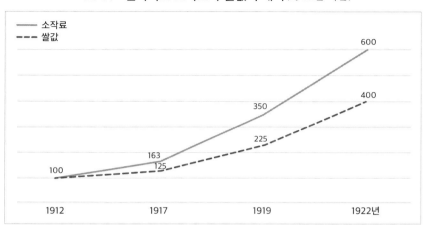

역에서도 소작료가 오르는 현상이 전국적으로 관측된다. 당시
조선의 소작 관행들에 대해 일본인들이 다음과 같이 보고한
바 있다.

경기도: 이윤을 추구하는 지주의 출현에 의해 소작료는
고등高等해지고 있다.
충청북도: 소작인의 궁핍이 심하므로 일대 변화는 나타
날 것이다.**

■ * 같은 책, 15쪽.
** 같은 책, 71쪽.

거기에 소작료만 내고 끝이 아니라 추가로 경비를 내거나 무보수로 노동에 동원되든가 하는 것은 여전해서, 조선 후기 관리들이 하던 삼정의 문란 등의 수탈이 차라리 낫다는 소리가 나올 법했다.

소작료를 실제로 내는 것이 수확의 반 이상이 되며, 소작인이 소작료 이외에도 많은 부담을 면치 못하나니, 예를 하나 들면, 지주를 위하는 무료 노동에, 지주나 사음舍音, 마름에게 내는 별도의 물품 등이 있으니, 일일이 나열하기 어렵다.[*]

일본이 한참 식민지배를 하던 1933년에 이르면 소작료 90%라는, 거의 무료로 부려먹는 노예 노동에 가까운 숫자가 등장한다.

소작료의 상승은 조선 사람 거의 대부분에게 닥쳐온 문제였다. 대농장을 주로 경영하던 일본인들과 달리 대부분의 1918년 당시 조선 농민들은 소작과 어떤 식으로든 연관이 있던 작은 규모의 농부들이 많았기 때문이다.

자작 겸 소작[39%]과 소작농[38%]을 더하면 77%가 되는데, 조

---

[*] 『동아일보』, 1922년 1월 6일, 만성생(晚性生) 논문.

<표-15> 1933년 소작료율(%) 비교*

구분	논			밭		
	최고	보통	최저	최고	보통	최저
정조	90	51	39	80	50	47
타조	79	60	44	65	69	43
집조	80	55	50	75	55	50

<표-16> 1918년 조선 농민 현황(단위: 가구 수[천호千戶]; 백분율)**

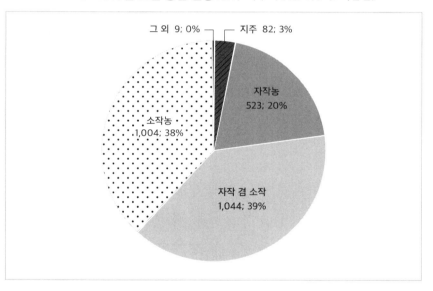

그 외 9; 0%　지주 82; 3%
자작농 523; 20%
소작농 1,004; 38%
자작 겸 소작 1,044; 39%

* 조선총독부 농림국, 『조선소작 참고사항적요』(朝鮮小作參考事項摘要), 1933.
** 조선농회, 『조선농업발달사』, 발달편, 부록, 1944.

선 농민 4명 가운데 3명이 어떤 식으로든 '근대적인' 소작 제
도의 영향을 받게 되었던 것이다. 소작료가 오른다는 것은 땅
주인에게 돌아갈 몫이 늘어난다는 뜻이었다. 다음 〈표-17〉을
보면 조선에서 농장을 운영했을 때의 수익률을 알 수 있다.

〈표-17〉 조선에서의 토지 수익률(%) 변화*

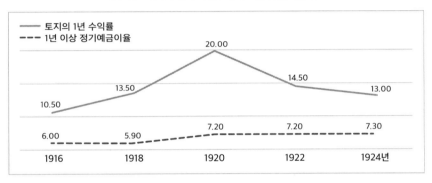

토지에서 나오는 수익은 정기예금보다 항상 4% 이상 높았
으며, 그 차이는 1920년에 크게 벌어졌다가 정기예금보다 6%
정도 높은 수준으로 수렴했다. 자유경쟁시장에서는 산업에
서 나오는 수익률이 정기예금에 비슷해지는 현상이 보인다.

＊ 조선농회, 앞의 책, 594쪽.

산업 내에서 경쟁이 심하니 은행에서 주는 예금 이자율 이상의 수익을 내기 어려워지기 때문이다. 그런데 조선에서의 토지 수익률은 자유경쟁시장이라고 하기에는 너무 높다. 특히 1920년에 급격히 높아지는 경향이 있는데, 이것은 1918년 토지조사사업이 완료되어 소작 계약들이 새로워진 것과 관련이 있을 것이다. 여기에 1919년 3·1 운동 이후 일본이 새로운 '근대화' 정책들을 실시하는데, 대농장 주인들에게 유리한 정책들이 대다수였으니, 토지 수익률이 치솟았던 것이다. 3·1 운동 이후의 경제 정책들은 뒤에서 다루기로 한다. 수익률만 봐도 일본인들이 기를 쓰고 조선에서 농장주가 되려고 한 까닭이 보인다.

뒤에서 더 이야기하겠지만, 자기 땅이 있는 농민이라고 해서 폭풍우를 피해 간 것은 아니었다. 1918년 토지조사사업이 완료되자 조선총독부에서는 갖가지 명목으로 세금이나 공과금을 거두었는데, 이 세금들이 작은 땅 주인들에게 불리한 경우가 많아 작은 땅을 가지고 농사짓던 많은 조선인들이 땅을 잃고 소작농으로 몰락하는 경우가 많았다.

예를 들어, 조선총독부가 토지조사 사업을 끝내고 세금을 물리기 시작하자, 바로 그다음 해부터 약 6만 명가량이 세금

©독립기념관

1910년대 경기도 고양군 토지조사사업
1910년대 경기도 고양군에서 토지의 정확한 현황을 조사하기 위해
기준점을 설정하는 측량을 수행하는 모습이다. 1912년부터 1918년까지
조선총독부는 식민지 체제 수립을 위한 기초 작업으로 토지조사사업을
시행했다. 토지 소유권을 법적으로 보장하는 제도적 기반을 마련하기
위한 조치로, 토지 현황의 정확한 파악이 중요했다.

을 못 내고 범죄자가 되는 현상이 발생했다.* 그리고 조선총독부는 이들의 땅을 빼앗는 것으로 대응했다. 중앙 정부에서 부과하는 토지세만 해도 그 지경인데, 나중에 지방 공과금이나 조합비 등까지 더해졌음을 감안하면 비용을 못 이겨 땅을 빼앗기던 조선인이 훨씬 많았다고 추측할 수 있다. 그리하여 조선의 문학에서마저 이런 몰락의 기운이 묻어나게 되었다.

> 그것農土은 숭의 조상들이 아마 순의 조상들과 함께 개척한 것이다. …그러나 이 논들은 이제는 대부분이 숭이나 순의 것이 아니다. 무슨 회사, 무슨 은행, 무슨 농장으로 다 들어가고 말았다. 이제는 숭의 고향 살여울 동네에 사는 사람들은 마치 뿌리를 끊긴 풀과 같이 되었다. 골안개 속에서 한가하게 평화롭게 울려오던 닭·개·짐승·마소의 소리도 금년에 훨씬 줄었다. 수효만 준 것이 아니라 그 소리에서는 한가함과 평화로움이 떠나갔다.**

이런 식으로 조선에서 땅을 넓힌 일본 농장주들은 조선에 근대적인 농사 기법을 주입해 쌀 생산을 늘렸다고 주장했다.

---

* 『조선총독부 통계 연보』(朝鮮總督府 統計年報), 1925, 778쪽.
** 이광수, 『흙』, 1932. 4. 12~1933. 7. 10 『동아일보』 연재.

<표-18> 조선의 곡물 생산과 소비 상황*

연도	총 공급량 (천석千石)	총 소비량 (천석千石)	1인당 소비량 (석石)	만주산 조 수입 (천석千石)
1912	11,580	11,055	0.77	16
1913	11,085	10,509	0.70	308
1914	12,411	11,119	0.71	127
1915	14,166	11,835	0.74	107
1916	12,863	11,040	0.67	5
1917	13,997	12,064	0.72	113
1918	13,753	11,561	0.68	206

그러나 늘어난 생산량보다 일본으로 유출되는 쌀이 더 많았기 때문에 조선 사람들은 더 굶주리곤 했다.

총 공급량은 조선에서 생산된 곡물 전체이고, 총 소비량은 이 가운데서 수출된 것을 빼고 남은 것이다. 이것을 인구 숫자로 나누면 연간 1인당 소비량이 된다. 조선의 1인당 곡물 소비량이 매년 줄어들고 있음을 볼 수 있다. 이 당시 일본의 곡물 소비량이 1인당 1.2석이었는데, 1918년 즈음의 조선 사람은 그 절반 정도인 0.68석만을 먹을 수 있었다. 아무래도 생활 수

* 조선총독부 농림국, 『조선미곡요람』(朝鮮米穀要覽), 1934, 2, 128쪽.

준이 높을수록 1인당 곡물 소비량이 줄어드는데, 곡물 말고도 먹을 것이 다양해지기 때문이다. 당장 대한민국도 경제가 발전할수록 곡물 소비량이 줄어, 쌀이 남는다는 말이 나오게 된 것은 1980년대 이후의 일이다. 그런데 당시 일본이 조선에 비해 경제가 더 발전했는데도 되려 조선의 곡물 소비량은 일본의 절반밖에 안된다는 것은, 조선 사람들이 먹지 못해 굶주렸다는 이야기일 뿐이다. 이런 상황에서 조선 사람들에게 쌀 말고도 다른 먹을 것이 많아서 괜찮았을 것이라는 일부 주장은, '빵이 없으면 케이크를 먹으면 되지' 수준의 논리다. 이렇게 조선이 굶어가며 일본에 쌀을 공급하는 추세는 일제강점기 내내 이어진다.

너무 굶주려서 일꾼들이 죽으면 안 되니 조선총독부가 대체 식량을 수입하는데, 그것이 만주산 조栗였다. 조는 흔히 보이는 강아지풀과 비슷한 식물로서, 허허벌판 같은 곳에도 잘 자라는 장점 덕에 싸게 구할 수 있는 곡식이었다. 그러나 목구멍으로 넘기는 것도 힘들 정도로 먹기가 고역이었기 때문에, 농사가 조금만 되면 멀리하던 것이 좁쌀이었다. 생산한 쌀은 모두 유출되고, 좁쌀을 억지로 먹을 정도로 조선의 식량 사정은 말이 아니었던 것이다. 〈표-18〉에서 나타나듯 그나마도 좁

쌀의 수입량이 많지 않아 임시 방편에 불과했다. 이 표는 곡물만을 보여주고 있으나, 조선의 전반적인 식량 상황은 짐작이 가능할 것이다.

〈표-18〉에서 보이듯이 곡물의 총 공급량이 늘어나기는 했다. 하지만 이것만으로 일본의 근대적인 농업 기법이 성공했다고 보기는 어렵다. 일본인 학자는 이 증가량이 조선 사람에게 돌아갈 몫을 줄이거나 일을 더 강제로 시켜서 이룩했을 가능성이 높다고 지적했다. 기술이 이루어낸 성장이 아니라 노동력을 소모해 이룬 성장이다.

조선에서 지주, 특히 일본인계 지주가 농사의 발달에 중대한 기능을 연출한 것은 사실이다. 그러나 그것은 공동 경영의 형태가 아니고, 지주들이 많은 희생을 지불한 것이 아니다. 오히려 반대로 힘없는 농민에 대해 가혹한 소작 조건 밑에 경제적 강제에 의한 소작료 이외의 착취 조직을 확정한 것이다. 투자자로서의 이익을 확보하기 위해 농민의 많은 희생을 강제한 것이 아니겠는가.*

* 히사마 겐이치, 『조선농업의 근대적 양상』, 1935, 53쪽.

실제로 나중에 일본 정부가 정책적으로 산미증식産米增殖 계획을 세워 쌀 생산을 독려했을 때에도, 늘어난 생산량은 2.7%에 불과했다. 이 산미증식 계획에 대해서는 뒤에서 더 다루기로 한다.

생활이 어려워진 조선 사람들은 나라 밖으로 탈출하곤 했다. 다음 〈표-19〉에 나타나듯 정식 절차를 거쳐 조선 밖으로 나가는 사람만 매년 수천 명이었으니, 몰래 국경을 넘는 사람은 몇 배는 더 되었을 것이다.

<표-19> 해외 이주자*

연도	인원수	규모(1911년을 100으로 잡음)
1911	2,560	100
1912	4,870	190
1913	3,744	146
1914	4,584	179
1915	5,389	210
1916	5,053	197
1917	6,662	260
1918	4,257	166

* 『조선총독부 통계 연보』, 1925, 91~92쪽.

나라 밖으로 탈출한 조선 사람들은 주로 압록강·두만강을 넘어 간도 지방에 이주해서 갖은 고생 끝에 농장을 만들고 살아갈 터전을 닦았다. 요즘처럼 재산을 쉽게 국경 밖으로 옮길 수 있는 시대도 아니었는데, 거의 맨몸으로 나가서 살아남은 것이다. 이들이 터를 약간이나마 마련한 덕에 많은 독립운동가들이 나중에 만주를 무대로 활동할 수 있었다. 이런 강인한 생활력을 조선 땅에서는 발휘하지 못한 것이 조선 사람 탓이라고만 할 수 있을까?

일본인들은 조선에 '근대적인' 농장들을 세웠다. 이 과정에서 많은 조선 농민들의 삶은 더 어려워졌는데, 소작 조건이 나빠졌고 소작료가 올라갔으며, 세금 등을 이기지 못하고 자기 땅을 빼앗기는 경우가 많았다. 농장에서 조선인들을 부려 더 거두어들인 쌀은 일본에 팔렸고, 조선 사람들은 먹을 것이 점점 부족해져갔다. 결국 너나없이 견디기 어려워진 조선 사람들은 뭉쳐서 일본에 대한 대규모 저항 운동을 시작하는데, 그 대표적인 것이 1919년에 일어난 3·1 운동이었다.

14 3·1 운동과 엉터리 자유시장경제

3·1 운동은 일본의 무단 통치에 맞서 조선인들이 일제히 들고일어난 사건이다. 조선총독부 공식 기록으로만 110만 명의 조선 사람들이 참여한 운동이었다. 110만 명은 2020년대 대한민국 국군 병력 60만의 2배에 가까운 숫자이며, 그 당시는 인구가 1,500만 명 정도밖에 안 되는 때였으니, 그야말로 전국적인 저항 운동이라고 할 만 하다. 근대에 들어 최초로 거의 모든 한국 사람들이 단결해 뜻을 내보였다는 점에서 그 의미가 특별해, 대한민국 헌법에는 '3·1 운동의 정신을 계승했다'는 문구가 들어간다.

1918년	1919년	1920년	1929년
토지조사 사업 완료 (토지정보파악)	3·1 운동 (조선 민족의 저항)	산미증식계획 (농촌의 식량기지화)	세계 대공황 (전 세계 경제공황)

일본 정부는 몹시 당황했다. 순한 가축처럼 길들여서 최대한의 이익을 뽑아내려고 했는데, 조선인들이 그리 만만하지 않았던 것이다. 이대로 가다가는 치안을 유지하는 일만으로도 비용이 너무 들어, 조선에서 거둬들이는 수익률이 형편없이 떨어질 것이었다. 당장 조선에서 경찰에 들어가는 예산만 3배가 뛰어버렸다.*

일본은 일단 문화정치를 내세워서 조금 풀어주는 듯한 모습을 보이기 시작했다. 정치나 사회 쪽에서 조선 사람들의 권리를 살짝 보장하는 조치들이 취해졌다. 이제 노골적으로 조선인들을 억누르는 정책을 썼다간 반발이 심하니 어쩔 수 없었다.

그러나 경제 쪽은 특별했던 것이, 민족이 아니라 돈을 빌미로 차별 정책을 쓰는 것이 가능했던 것이다. 흔히 말하는 부익부 빈익빈富益富 貧益貧이 일어나기 쉬운 것이 자유경쟁시장의 특징인데, 개항 후 수십 년간 일본인들이 대농장 주인이 되는 등 착실히 부자가 되어 있었기 때문에, 조선에서의 자유경쟁시장은 이미 일본인들이 제일 이득을 보는 구조가 되어 있었

* 우리역사넷 홈페이지(contents.history.go.kr)의 '일제의 문화정치' 항목 참조.

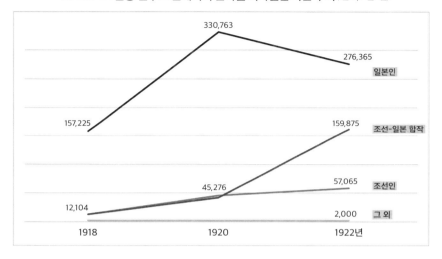

<표-20> 3·1 운동 전후 조선에서의 민족별 회사설립 자본 추이(단위: 천 엔)*

330,763

276,365

일본인

157,225

159,875

조선-일본 합작

45,276

57,065

조선인

12,104

2,000

그 외

1918   1920   1922년

다. 농지뿐만 아니라 조선 대부분의 산업 구조가 그러했다.

　〈표-20〉에 나타나듯이, 일본인 회사들은 자본금의 자릿수가 다를 정도로 월등했다. 그리하여 3·1 운동 이후 일본의 경제 정책은 시장경제를 도입한다느니, 근대화를 촉진한다느니 하는 명목으로 진행된 것이 많았다. 명목이 그럴듯해서 잘 모르는 사람들이 보면 일본이 조선을 크게 발전시키는 것처럼 보이는 효과도 누릴 수 있었다.

* 『조선총독부 통계연보』, 1925. 한일합작 및 그 외는 1922년 데이터만 표시함.

일본이 조선에서 실시한 대표적인 '근대화' 사업 가운데 하나는 산미증식 계획이었다. 앞에서 보았듯이 개항기부터 조선에서 가장 많이 가져가던 것이 쌀이었고, 이제 일본인 농장주도 많으니 본격적으로 총독부 주도로 쌀 생산을 늘려보겠다는 정책이었다. 더군다나 3·1 운동 1년 전인 1918년에 일본에서 쌀값 폭등으로 이른바 '쌀 소동'이 발생해 군대가 출동할 수준의 폭동까지 났던 만큼, 조선을 더욱 안정적인 식량 공급처로 만들 이유는 충분했다.

산미증식 계획은 3·1운동이 일어난 바로 다음 해인 1920년에 '조선 개발의 히로인'으로 불리며 등장했다. 향후 40여만 정보의 토지를 개량하고 15년 안에 900만 석의 쌀을 추가로 생산한다는 것이 주요 계획이었다.

쌀 생산을 늘리기 위해 제일 역점을 둔 것이 수리水利조합이었다. 산미증식 계획의 핵심이 22만 5,000정보의 수리 시설을 정비하는 것이었기 때문이다. 수리조합이란 물길·저수지 등을 만들어 농사에 도움을 주기 위해 만드는 단체로서, 농업 생산성을 높일 수 있는 제일 좋은 방법 가운데 하나가 물을 조절하는 것이므로 매우 바람직한 것처럼 보인다.

물을 조절하는 공사는 돈이 많이 들어간다. 댐·저수지·보·물

©독립기념관

일본 유출을 위한 군산항의 쌀가마니들

1920년대 일본으로 가져가기 위해 군산항에 쌓여 있는
쌀가마니들의 모습이다. 조선총독부는
조선을 일제의 쌀 공급지로 만들고자 했다.
따라서 산미 증식계획을 통해 조선의 쌀 생산을 늘려
일본으로 가져가는 것이 목표였다. 군산항은 곡창지대인
호남 및 충청지방과 가까워서 쌀이 선적되는 최대 항구였다.
쌀은 군산항을 통해 오사카(大阪)와 고배(神戶) 등지로 유출되었다.

길 등 하나같이 개인이 할 만한 규모가 아니다. 그렇기 때문에 물을 잘 조절하는 일은 예로부터 국가적인 사업이기도 했다. 요순 시대를 이은 우禹 임금도 물을 잘 다스려서 임금이 되었다는 기록이 있을 정도다. 물길의 혜택을 가장 많이 얻을 농장 주인들이 공사할 돈을 모으기 위해 만드는 것이 수리조합이다. 수확이 많이 늘어날 것 같다면 수리조합에 가입해 조합비를 내고 내 논에 물 대는 것이 이익이므로, 제대로 운영되는 사업이라면 지역 땅 주인들이 자진해서 가입해야 정상이다. 그런데 실제로는 조선의 자영농들이 수리조합을 피해 도망치기 바빴다.

최근 수리조합에 속한 땅은 파는 사람뿐이므로… 땅값도 점차 내리는 추세에 있다.*

왜 조선의 자영농들은 수리조합에 가입하려 하지 않았을까? 무식해서 근대화에 대한 반항심이 들어서였을까? 아니면 일본은 뭘 해도 싫다는 국수주의적인 태도였을까?

사실은 수리조합이란 것이 그 지역 내의 일본인 대지주가

* 『동아일보』, 1927년 8월 5일자.

조선총독부와 결탁해서 좌우하는 사업이었기 때문에, 물길을 만들 때 일본인이 가진 땅에 유리하게 공사가 진행될 수밖에 없었다. 작은 토지를 갖고 있던 조선 자영농들에게는 '내 돈 내서 일본놈 땅 물 대주는' 날강도질이나 다름없는 사업이었다. 반면에 막대한 공사비는 수리조합 부담금이라며 '공평하게' 지역 내 모든 토지 소유자들에게 분배되었으므로, 조선의 소농들에게 엄청난 부담이 되었다.

한번 수리조합이 설립되면 구역 내의 작은 토지 소유자는 조합비의 부담 때문에 즉시 몰락의 심연에 빠진다.*

다음의 〈표-21〉을 보면 수리조합 부담금이 1919년 3·1 운동 당시 51만 127원이었는데, 10년 만에 15배가 넘는 798만 7,533원이 되었음을 알 수 있다.

가입이 지지부진하자, 일단 조합이 설립되면 그 지역에 있는 토지 소유자들은 모두 강제로 가입되는 것으로 정했다. 그리고 수리조합에 필요한 금액을 윗사람들이 정하면 토지 소유자들은 그에 따라 조합비를 내야 했다. 부담금을 내지 못하

* 히사마 겐이치, 『조선농업의 근대적 양상』, 1935, 22쪽.

<表-21> 수리조합 부담금*

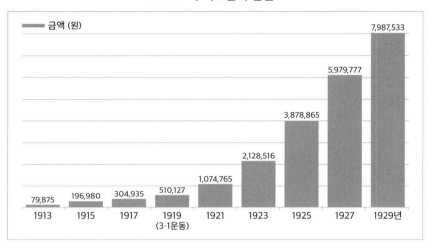

는 사람은 세금 미납으로 간주해 토지를 빼앗아 근처의 일본
인 대지주에게 얹어주면 그만이었다.

전례로 보건대 수리조합이 생기는 곳에는 반드시 토지
수탈이 행해진다. 그것은 소농이 조합비 부담을 감당치 못
하는 것을 이용해, 대자본가가 장래의 이익을 예견하고 저
렴하게 토지를 흡수하는 방법이다.**

* 『조선총독부 통계연보』, 1930년판, 755~756쪽.
** 『동아일보』, 1926년 11월 22일자 사설.

수리조합에서는 중요한 공사를 하기 때문에 협조해야 한다며 지역의 소작농들까지 '지도'하곤 했는데, 무보수로 강제 노동을 시키는 경우가 많았다. 당연히 소작농·자영농 할 것 없이 조선 농민들의 반발과 비협조가 잦았고, 산미증식 계획은 핵심부터 어긋나버렸다. 이에 조선총독부는 조선 농민들이 무식하고 게으르며 경제를 모른다고 비난하면서 더욱 밀어붙이려 애를 썼으나 별 효과가 없었다.

1차 사업이 목표에 한참 미치지 못하자 2차 증식 계획이 실시되었는데, 주요 변경점은 돈을 모아서 몇몇 대규모의 일본인 토지개발회사—동양척식회사 등—에 개발비를 몰아주는 것이었다. 민간에서 자발적으로 참여가 이루어질 수가 없으니, 어쩔 수 없이 일본인 대지주들만 골라서 지원하는 방식이었다.

이 정책으로 수리조합이 그나마 작동한 곳은 전라북도 지방이었는데, 이곳은 일본인 대농장들이 제일 많은 곳이라 수리조합을 만들면 일본 농장주들이 이익을 보았기 때문이다. 게다가 일본인 농장주들이 다수파여서 근처 조선 농부들의 반발을 억누르거나 땅을 빼앗기도 쉬웠다. 일본 농장주들은 조합에 들어갈 돈을 일본 금융기관에서 대출받기도 수월했고,

<표-22> 1918년 민족별 토지 소유 면적(단위: 정보町步)*

지역	조선인(A)	일본인(B)	비율(B/A×100)
경기도	368,948	18,492	5.0%
충청북도	158,726	3,503	2.2%
충청남도	231,038	19,672	8.5%
전라북도	192,103	51,434	26.8%
전라남도	361,501	49,357	13.7%
경상북도	383,234	14,152	3.7%
경상남도	272,849	23,218	8.5%
황해도	512,957	34,795	6.8%
평안남도	411,033	7,839	1.9%
평안북도	391,872	2,899	0.7%
강원도	321,857	6,022	1.9%
함경남도	354,523	4,482	1.3%
함경북도	221,787	721	0.3%

일본 정부로부터 보조금도 받을 수 있었다.

1925년 기준 전라북도의 수리조합 현황을 보면, 일본인 농장주의 인원수는 조선인의 5분의 1 정도밖에 안 되는데 가지고 있는 농지는 2배에 가깝다. 1인당 농지로 계산하면 조선인

* 문정창, 『군국일본 조선점령 삼십육년사』 상권, 178쪽.

1.21 대 일본인 10.21의 비율이니, 일본 농장주들의 절대 우세 지역이라고 할 수 있다. 즉 수리조합은 일본인 농장주에게만 유리한 사업이었기에 유독 전라북도에서 진전을 보았던 것이다.

<표-23> 전라북도 5개 수리조합 지구 내의 민족별 소유관계*

연도	조선인		일본인		그 외	
	인원	면적(정町)	인원	면적(정町)	인원	면적(정町)
1920	3,141	4,181	417	3,674	25	2,694
1925	3,263	3,968	687	7,011	32	3,164

또 다른 쌀 생산 늘리기 방법은 화학 비료를 보급하는 것이었다. 수리조합과 마찬가지로, 이것 역시 얼핏 보면 조선의 농촌이 근대화되는 것처럼 보인다. 그러나 실제로는 강제로 비료를 떠넘기는 정책에 가까웠다. 화학 비료 사용을 강요하면 일본 재벌들이 돈을 벌기 때문이다. 일본의 대표적인 재벌 그룹들이 당시 비료 사업에 연관되어 있었다. 미쓰비시가 비료 사업을 크게 벌여 일본과 조선에 비료 공장을 세웠으며, 미쓰

* 임병윤(林炳潤), 「조선경제문답」(朝鮮經濟の問答), 『改造』, 1935년 11월호.

이는 독일산 비료를 수입해 공급했다. 다음 〈표-24〉에서 보는 것처럼 쌀값이 떨어지는데 비료 구입액은 늘어나는 이상한 결과를 볼 수 있는 이유다.

<표-24> 농가 1호당 비료 소비액 추세(단위: 원)*

연도	비료 구입액(A)	농산물 가격(B)	비율(A/B)×100
1916	0.12	174	0.07%
1920	2.24	487	0.46%
1925	3.34	438	0.76%

비료 사용이 강제되자, 많은 일본인 농장주들이 비료로도 소작농들을 상대로 돈놀이를 하는 영악함을 보여주었다. 어차피 써야 하는 비료, 조선 농민들이 어떻게 되든 자기 주머니만 채우면 그만이었기 때문이다.

지주가 비료를 구입해 현물을 소작인에게 빌려주는 것이 관례고… 회수기에 이르러 이들에 대해 무이자로 하는 자선가도 있으나, 대개는 대금에 이자가 가산되며 그것은 월 2% 내지 3%라는 높은 비율도 있으나(연 24~36%), 보통은

* 조선농회, 『조선농업발달사』, 발달편, 1944, 565쪽.

연 13% 내외다.*

따라서 산미증식계획의 두 축인 수리조합과 비료 보급을 보면, 조선인들을 희생해 일본 대농장 주인들의 이익을 높이는 방향으로 경제 정책이 시행되었고, 근대화나 자유시장경제 등은 그저 번지르르한 명목이었음을 알 수 있다. 일본 경제 정책의 일관된 목표는 조선의 발전이 아니라 조선에서 일본 재벌들이 가장 많은 이익을 내도록 하는 것이었고, 이때 조선에 근대화와 자유경쟁시장 비슷한 것을 강요할수록 일본인들에게 이득이 더 생기는 구조였을 뿐이다. 당시 일본인 경제학자의 논평도 같은 이야기를 전하고 있다.

1920년에 시작한 제3기에 있어서 조선블록경제는 진실한 확립을 보게 되고, 일본에의 공업원료 내지 식료품 공급시장으로서의 조선, 일본 공업제품의 판매 시장으로서의 조선, 이러한 경제적 관계 위에 선 일본 자본의 수출시장으로서의 조선, 한마디로 말하면 전형적이고 공식적인 모국 대 식민지 경제 관계가 여기에 보여진다.**

---

* 같은 책, 458쪽.
** 전국경제조사기관연합회 조선지부, 『조선경제연보』(朝鮮經濟年報), 改

그러므로 3·1 운동 이후 조선총독부의 '진짜' 경제 정책을 요약한다면, 큰 자본을 가진 일본 기업가들과 농장주들이 마음껏 조선에서 돈을 벌 수 있게 지원하는 것이었다.

조선의 교통을 자유롭게 하고, 통신을 신속히 하며, 산업 개발의 준비를 갖추어서 바야흐로 자리를 갈고닦아서, 일본의 대자본가와 대기업인을 환영한다.*

그렇다고 일본이 조선의 모든 부분에서 자유경쟁의 시장경제를 실시하는 것도 아니었다. 쌀의 경우는 일본인과 조선인 농장주들이 섞여 있었으므로, 소농 위주의 조선인들만 걸러낼 수 있는 보다 교묘한 정책들이 필요했다. 그러나 일본인이 별로 없는 산업은 대놓고 제약이 가해졌다.

대표적인 것이 면화와 비단실 생산이었다. 앞서 개항기에서 본 바와 같이, 조선의 면화와 비단실 생산은 외국산 공업품들이 들어옴에 따라 조선의 공업이 망하자 같이 없어진 바 있었다. 그러나 일단 한일합병이 되고 나자 일본 산업계는 이들

造社, 쇼와 14년판 (1939년), 36쪽.
* 아오야기 난메이(青柳南冥), 『조선독립소요사론』(朝鮮獨立騷擾史論), 朝鮮研究會, 1921, 84쪽.

원료를 다른 나라에서 수입하느니 식민지 조선에서 조달하면 더 싸게 먹힐 것이라고 생각했다. 면화나 비단실은 농촌에서도 대표적인 노동 집약적 물품으로, 일본인들이 보기에 조선인의 노동은 가치가 없다시피 했으니 조선인들을 부려서 만들면 수입품보다 저렴할 것이라 예상한 것이다. 이에 조선총독부는 면화와 비단실을 생산하라고 장려했다.

> 당국의 취지를 받들어 일본 당국의 지휘와 원조 아래, 조선의 면 재배 장려와 재배 면적의 확장, 종자의 채취와 보존, 면 재배에 관한 교육 및 품평회, 면화의 공동판매를 목적으로 해 면작조합을 만들었다.*

여기서 면화를 굳이 조합까지 만들어 공동판매하는 이유가 무엇일까? 원래 생산자 조합은 생산자들이 제값을 받기 위해 만드는 것이지만, 이 면작조합은 거꾸로 총독부가 관리해 면화 가격을 싸게 억누르는 것이 목적이었다. 면작조합의 판매 방식은 구입자인 일본 기업인의 이득을 위해 정해진 티가 났다. 몇 가지 예를 들면 다음과 같다.

---

* 문정창, 『한국 농촌 단체사』, 일조각, 1961, 18쪽.

일제강점기 면화 수확 작업

조선총독부에서 발행한, 머리에 수건을 두른 아낙들이
면화를 수확하는 모습이 담긴 흑백 사진
엽서(가로 15cm, 세로 9cm)다.
오른쪽 여백에 '서풍취백면화국'(西風吹白綿花國)이라는
제목과 '한반도 중부와 남부에 면화를 증산해
일본 수요의 30%를 충당하겠다'라는
내용의 일본어 설명문이 인쇄되어 있다.
뒷면에는 우표 부착란이 있고, 중앙에 구획선이 그어져 있다.

- 면화의 지정 매수인은 도내에 면직물 공장을 소유하는 자에 한할 것 → 면화 구입은 지역의 면직물 공장주(주로 일본인)만 가능하니 서로 사겠다고 가격 경쟁이 붙을 수가 없다.
- 매수인이 매수하는 면화의 가격은 도지사^{道知事}가 정할 것 → 도지사는 조선총독부의 지시를 따르니 사는 사람(일본인)의 입장을 최대한 반영해서 가격을 정한다.

여기에 그치지 않고 면화를 매수할 때 일본 상인들의 농간도 심했다.

전남 구례 공동판매소에서는 면화 매수인 후지이^{藤井}라는 자가 저울질 잘하는 자를 고용해 면화를 매수하는 중이라는데, 1~2등 면화를 마음대로 3~4등으로 결정하는 것과 저울을 잘 모르는 시골 사람들을 속여 무게를 정하므로 농민들의 원성과 불평이 심하다. 면화를 억울하게 팔고 나서 목놓아 우는 자도 부지기수라는데….*

일본 상인이 조선인들을 상대로 속임수 좀 쓴다고 해도 조

* 『동아일보』, 1923년 12월 8일자.

선총독부에서는 일본인을 싸고 돌 것이 뻔하니, 이런 '이윤 극대화'까지 했던 것이다.

이런 식으로 경제 정책을 편 결과, 조선에는 부익부 빈익빈이 심해졌다. 당장 조선총독부 조사 결과에도 이 점이 나타난다.

<표-25> 1925년 각 농가의 평균 수익률(%)*

구분	지주				자작농			
	대	중	소	영세	대	중	소	영세
수익률	52	31	25	10	19	13	9	5

구분	자작농 겸 소작농				소작농				빈민
	대	중	소	영세	대	중	소	영세	
수익률	9	7	2	0	2	-1	-6	-6	-4

주로 일본인들인 대지주 그룹은 50% 이상 흑자가 나는데, 영세 규모의 자작농 겸 소작농, 중간 규모 이하의 소작농은 매년 적자를 보고 있다. 1925년 기준으로 조선 농민은 소작농의

* 조선총독부 내무국 사회과, 농가 경제 관련 자료, 1925년 9월.

비율이 40%가 넘고 자작 겸 소작도 35%가 되니,* 조선 농민은 못해도 절반 이상이 매년 망해가는 상태라는 것이다. 이들이 게으르고 무식해서 가난에 빠진 것일까? 그보다는 일본의 손길에서 도망쳐 아무것도 없는 상태일지라도 만주에서 새로 시작하는 편이 그나마 먹고살 수 있는 길이었을 것이다.

이렇게 3·1 운동 이후 일본의 경제 정책이 자본주의 아래 '있는 사람'인 일본인 위주로 돌아가자, 조선 사람들은 이에 맞서 사회주의적인 것을 들고나왔다. 소작인들은 서로 단결해서 파업을 하는, 소위 소작쟁의小作爭議를 일으켰다.

주된 주장은 소작권 이동을 반대하는 것인데, 앞에서도 다루었지만 소작권을 소작인이 자기 것처럼 사고팔 수 있었던 조선 시대가 나았다는 생각이 날 법하다. 이러한 파업들은 결국 일본의 경제 정책들이 자초한 것이었다. 처음에는 공산주의 때문에 농민들이 붉게 물들었다느니 비난하던 일본인들도 조선 농민들의 저항 아래에는 먹고사는 문제가 자리 잡고 있음을 인정할 수밖에 없었다.

종래에는 사회 사상가의 지도에 의한 쟁의가 대다수를

* 조선농회, 『조선농업발달사』, 부록 제3표, 1944.

<표-26> 원인별 소작쟁의(단위: 건)*

연도	소작권 이동반대	소작료 인하요구	세금, 공과금	소작권 반환소송	부당한 소작료	운반료 관계	기타	합계
1920	1	6	3		1	1	3	15
1921	4	9	2		1		11	27
1922	8	5	2	1			8	24
1923	117	30	11		1	2	15	176
1924	126	22	5		2		9	164
1925	1	5					5	11
1926	4	4	1				8	17
1927	11	1	2		1	1	6	22

점했던 것이나, 오늘날은 거의 소작인 자신에 의한 쟁의로 바뀌는 경향을 우리는 간과하기 어렵다.**

이렇듯 3·1운동 이후 일본의 경제 정책은 근대화와 시장경제를 조선에 주입하는 것을 내세웠다. 얼핏 보기에는 아름다워 보일지 몰라도, 일본이 내세운 자유시장경제는 일본 대기업과 대지주들의 이익을 극대화하는 정책을 그럴듯하게 포장한 것에 불과했다. 면작조합의 예시에서 보이듯이, 자유 경쟁

* 조선총독부, 『조선의 소작 관습』, 1929, 제60쪽.
** 쓰마가리 구라노조(津曲藏之丞), 『조선경제연구』, 1925.

이 (일본에게) 해로운 곳에는 대놓고 계획 경제를 도입하기도
했다.

산미증식 계획은 일본의 선전과는 달리 2.7% 증산에 그쳤
고, 면화 경작은 처음 시작한 해보다 오히려 줄어들 지경이었
다.* 일본이 조선을 '근대화시켜' 쌀 생산을 장려한 결과는 보
잘것없었던 것이다. 모든 개인의 이윤 추구라는 경제의 기본
을 지키지 않고 일본 농장주들의 이윤 추구만 우선했던 엉터
리 시장경제를 계획했기 때문이다. 그나마 늘어난 생산량보다
도 훨씬 더 많은 양이 일본으로 유출되었기 때문에, 조선 사람
들은 계속 밥을 굶어가며 쌀을 공급하는 처지였다.

이런 내용들을 모르고 겉으로만 나타난 자료들, 예를 들어
조선총독부가 1922년 산미증식 계획을 세우고 수리조합을 설
립하도록 장려하는 것과 이에 비협조적인 조선인들의 통계만
보면, 마치 일본인들이 조선을 근대화시키려 애쓰는데 무식하
고 게으른 조선인들이 저항하는 것처럼 보인다. 그러나 그 이
면을 보면 조선 사람들은 근대화에 대한 거부감이나 외세 배
척 등의 감정적인 것에 휘둘린 것이 아니었고, 이익의 극대화

* 1920~24년 평균 쌀 생산량이 1,452만 석인데 산미증식계획이 진행된
후 1925~29년 평균 생산량은 1,491만 석(39만 석, 2.7% 증가)이었다.

라는 경제학적으로 합리적인 선택을 하고 있었다.

그러므로 밖으로 드러난 모습, 특히 통계 자료들을 다룰 때에는 왜 이런 모양으로 나타났는지 파고드는 것이 중요하다. 대부분의 통계들은 원인과 결과가 아닌 연관성만 보여주기 때문에, 통계의 결과값이나 통계 기법에만 도취되어 있으면 이상한 결론을 내리기 쉽다. 당시 『동아일보』 사설을 보자.

> 조선의 생산력이 증가한다 할지라도 그것은 일본인 그들의 증산이요, 결단코 우리의 증산은 아니다. 우리는 반비례로 더욱 멸망할 뿐이다. 농업·상업·공업이 연년이 통계상으로 증가된다고 해도 아무 기쁨이 없을 것이다. … 연년이 400만 석의 백미를 일본인에게 팔아먹는 조선이여! 그의 장래에 굶주림이 있음은 어찌 당연이 아니냐.*

이러한 날카로운 관찰은 조선총독부가 재빨리 압수해 세상에 쉽게 나오지 못하게 했으니, 역사를 보는 눈이 주의하지 않는다면 놓칠 따름이다.

* 「일제 치하 동아일보 압수 사설집」(日政下 東亞日報 押收 社說集), 『신동아』, 1937년 10월 14일자(『동아일보』 1974년 1월호 부록).

15 식민지 조선이 일본에게 가르쳐준 것

제1차 세계대전이 끝나고 세계 경제는 큰 호황을 누렸다. 『위대한 개츠비』*The Great Gatsby* 소설에서 나오듯이 매일 엄청난 규모의 파티를 열며 흥청망청하던 것이 이 시기 세계 열강의 모습이었다. 일본도 다이쇼大正 로망이라며 잘 나간다고 한참 들떠 있던 때였다.

그러나 거품이 꺼지자 세계 곳곳으로 공황이 번졌다. 세계 대공황의 원인은 아직도 의견이 분분하지만, 대략적인 모습은 모든 경제 활동의 마비라고 할 수 있다. 물건을 사는 사람이 줄어들어 물건 가격이 폭락하고, 임금이 내려서 일하는 사람

1920년	1929년	1931년	1937년
산미증식계획 (농촌의 식량기지화)	세계 대공황 (전 세계 경제공황)	만주사변 (만주 침략 시작)	중일전쟁 (중국 침략 시작)

의 수입이 줄고, 수입이 줄어 더 물건을 살 수 없어지는 순환의 반복이다. 가장 호황을 누리던 미국도 순식간에 공황에 빠져, 사람들이 죽 한 그릇을 얻어먹으려고 구호소에 몇 시간씩 줄을 서던 시대였으니, 일본 역시 그 여파를 피할 수 없었다.

〈표-27〉 1930년경 일본 공황의 주요 지표들(1926년을 100으로 잡음)*

	1927년	1928년	1929년	1930년	1931년	1932년
도매물가	95.1	95.6	92.8	76.5	64.6	68.2
쌀값	101.6	87.1	83.9	73.6	52.4	63.0
비단	77.3	74.1	81.5	43.1	33.1	27.3
주식가격	89.1	91.7	76.2	60.1	58.0	88.2
어음교환	70.3	76.9	71.0	57.6	51.6	69.1

당시 일본 경제 상황을 보면 물가가 거의 반토막이 났고, 특히 사치품인 비단 가격은 4분의 1 정도로 떨어졌으니, 사람들이 돈이 없어 소비를 못하는 극심한 불경기였음을 알 수 있다. 이때 식민지를 가진 나라들의 대응은 식민지에서 좀더 별충을 해 나부터 살아남고 보자는 것이었고, 일본도 예외는 아니

* 일본 농림성, 『본방농업요람』(本邦農業要覽), 1940; 일본은행, 『본방경제통계』(本邦經濟統計), 1934.

었다. 그런데 일본이 가진 식민지라고 해봤자 조선과 대만 정도인데 이미 최대치에 가깝게 뽑아먹고 있었다. 더욱 조이게 되면 문제가 터져나올 수밖에 없었다.

일단 일본은 뒤가 어찌되었든 조선을 더욱 짜내고 보자는 태도로 나아갔다. 안 그래도 높았던 소작료율이 90%를 찍은 것이 이때의 일이다.

> 논에 있어서 타조打租의 최고 소작율이 50~79%, 집조執租의 그것은 50~80%인 데 대해 정조定租의 그것은 실로 58~90%에 달한다.*

원래 정조·집조 등은 소작료 지불 방식을 구분하는 말이었지만, 이 시기에 이르면 방식이고 뭐고 그냥 높은 소작료로 나타난다.

> 정조법은 형식으로는 50%를 표준으로 한다고 하나, 그 가운데서는 70% 이상에 달하는 것이 있으며, 소작료가 80%에 달하는 경우도 있다.**

* 조선총독부, 『조선의 소작에 관한 참고사항적요』(朝鮮ニ於ケル小作ニ關スル 參考事項 摘要), 1933.
** 『동아일보』, 1932년 4월 12일자.

수확의 80%를 소작료로 내고 나면 남은 것으로 생활이 될 리 없었다.

조선 인구의 80%를 차지한 농민의 생활이 얼마나 비참한가를 아직까지는 추상적 숫자로 그 일단을 짐작할 수 있을 뿐이더니, 이번에 총독부 농무과에서 전 조선에 걸쳐 세밀히 조사한 바에 의하면, 조사 완료한 5개 도만 보더라도 궁민窮民, 보릿고개에 먹을 식량이 다 떨어지는 농민의 비율이 다음과 같다.*

<표-28> 1931년 대공황기 굶주린 농민

	농가 호수(戶數)	궁민 호수(戶數)	비율(%)
경기도	224,130	119,948	53.5
충청북도	131,890	75,890	57.0
전라북도	219,710	136,758	62.0
경상남도	279,209	129,877	46.5
경상북도	66,379	13,625	20.5

일본 주도의 농업 근대화가 진행되어 수리조합이 제일 잘 운영된다는 전라북도가 가장 굶주리고 있다는 데에 특히 주목할 필요가 있다.

* 『동아일보』, 1931년 8월 5일자.

초근목피草根木皮. 풀뿌리와 나무껍질로 연명했다는 조선 시대 흉년의 모습이, 일본이 근대화시켰다는 한국에 나타나고 있었다.

굶주리는 가정이 90% 이상인 바, 벌써 극도에 달한 부락에서는 굶어 죽는 지경에 이른 자들이 많아 인심은 날로 자못 흉흉하다 하며, 현재까지 목숨이라도 근근이 이어나가더라도 초근목피 등이 그들의 유일한 양식으로….*

조선 신문들뿐 아니라, 일본계 신문에도 비슷한 보도가 나갔다.

밥은 죽으로, 쌀은 잡곡으로, 그러나 사실은 그 대부분이 만주산 조의 구입도 어려워서, 술지게미나 곡물을 아주 조금 섞은 야채, 멀건 풀죽으로 끼니의 수준이 떨어진다. 그것들도 얻을 수 없어서 아는 사람들에게 음식을 얻어보거나 구걸 또는 떠돌아다닌다.**

어려운 시기에 더욱 많은 조선의 자영농들이 땅을 잃고 소

* 『동아일보』, 1932년 4월 10일자(전라남도 장성군의 사례).
** 『군산일보』(群山日報), 1933년 5월 7일자.

작인이 되어갔다. 1920년대까지 40% 선이었던 소작농 비율은 대공황 시기를 맞아 50%를 넘어가게 되었다.

<표-29> 대공황 시기 농가 계층별 비율(%)*

연도	지주	자작농	자작 겸 소작	소작농	화전민	일용직
1930	3.5	17.5	31.0	46.4	4.6	-
1931	3.5	16.9	29.6	48.3	4.7	-
1932	3.5	16.2	25.3	52.7	5.2	-
1933	-	18.1	24.0	51.9	-	3.1
1934	-	18.0	23.9	51.9	-	3.4

화전민火田民의 숫자도 눈에 띄는데, 화전민이란 주인이 관리하지 않는 산지에 불을 질러 밭을 만들어 사는 사람들을 말한다. 농사가 안 되던 거친 땅에 불을 질러 잡초들만 태워놓았을 뿐이니, 농사가 제대로 될 리가 없어서 거의 거지꼴을 면하지 못했고, 땅 주인에게 발견되면 즉시 쫓겨나는 신세였다. 여기에 일용직처럼 하루 일해주고 하루 벌어 사는 사람들도 늘어났음이 보인다.

* 조선농회, 『조선농업발달사』, 발달편, 1944. 빈칸은 정확한 정보가 없다. 지주와 자작농은 이중으로 계산된 것으로 보인다.

대공황의 충격은 가난했던 사람들만 맞은 것이 아니었다. 작은 땅을 갖고 전전긍긍하던 소농들뿐 아니라, 10정보 이상의 대지주급에서도 조선인의 숫자는 줄어들었다. 줄어든 만큼의 땅은 일본 사람들에게 넘어갔다.

<표-30> 대공황 시기 조선인·일본인 대지주 상황(단위: 명)*

연도	10~20정보		20~50정보		50~100 정보		100~200 정보		200정보 이상	
	조	일	조	일	조	일	조	일	조	일
1929	32,557	2,667	14,152	2,274	1,571	679	340	361	40	172
1932	30,567	3,295	13,235	2,258	1,598	736	341	395	46	195
1935	30,532	3,374	12,650	2,587	1,538	771	315	363	45	182

일본인 학자가 논평하기를, 이런 상황에서도 아무 반발이 없으면 그건 사람이 아니라고 했다.

조선의 소작제는 세계에 유례없을 만큼 불합리를 극한 것으로서 농민은 지주와 마름을 위해 부단한 가렴주구 밑에 남김없이 착취를 당하고 있다. 그러므로 총독부의 지도 장려하에 제반 농사 개량은 착착 실효를 거두어 연년의 수

---

* 앞의 책, 부록.

확은 일본 본국의 쌀 생산을 압박하고 있음에도 불구하고, 그 생산자인 소작 농민은 봄까지 버틸 양식이 없어 산에 나아가 풀을 뜯고 풀국으로 그 목숨을 유지하는 참상에 놓여 있다. 지금 인류가 학대를 받는다 할지라도 어느 정도 불굴의 정신이 있는 것이라면, 어찌해 조선의 마을마을에 소작쟁의의 봉화가 일어나는 것을 방지할 수 있으리오.*

그리하여 1920년에 15건이 발생했던 소작쟁의는, 1934년에 이르러서는 7,544건이 터져 나왔다.

반발을 누르기 위해 조선총독부는 경찰력을 총동원해 가혹하게 다스려보았으나,** 이내 한계에 부딪혔다. 3·1 운동 이후에만도 경찰력을 3배로 늘려 큰 비용을 쓰고 있었는데, 이번 소작쟁의는 3·1 운동 직후보다 500배는 더 많이 폭발했던 것이다. 이 상황에서 경찰력을 더 늘리거나 군대를 투입하는 일은 총독부의 능력 밖이었다. 당시 조선총독부는 일본 정부의 통제를 별로 받지 않는 일종의 봉건 영주 같은 지위에 있었고,

* 사와무라 야스시(澤村康), 『농업정책』 상권, 改造社, 1932.
** 이런 소작쟁의 같은 시위를 진압하려고 총독부가 제정한 것이 치안 유지법인데, 이 법에 의해 구속된 건수가 1925년에는 78건이던 것이 1930년에는 583건으로 증가함이 관찰된다.

<표-31> 대공황 무렵의 소작쟁의*

연도	건수	인원
1920	15	4,140
1922	24	2,539
1924	164	6,929
1926	198	2,745
1928	1,590	4,863
1930	726	12,152
1932	300	4,327
1934	7,544	14,597

조선 총독은 일본 정치계의 거물급 인사가 차지하는 자리였다. 이 시점에서 본국에 추가 지원을 요청했다가는 그 지원이 가능한지는 둘째 치고, 총독부의 위상이 송두리째 흔들릴 수도 있었다. 당장 3·1 운동이 터졌을 때도 조선총독부의 '통치 능력'에 일본 정치권에서 맹비난을 가하며 각종 견제를 시작했던 기억도 있었다.

그리하여 그 누구도 아닌 조선총독부가 각 도에 공문을 보내 소작료를 너무 가혹하게 받지 말 것을 지시하는 일이 벌어

* 조선총독부 식산국, 『조선농지연보』(朝鮮農地年報), 1940.

졌다.* 한마디로 땅 주인들도 대공황의 고통을 분담하라는 것
이다. 계속되는 소작쟁의에 다급해진 조선총독부는, 1932년
에는 조선소작조정법朝鮮小作調停法을 발표하고 1934년에는 조
선농지령朝鮮農地令을 만들어 정식으로 소작인 보호에 나섰다.
조정법은 분쟁이 날 때 서로 합의를 어떻게 할지 정하는 것에
불과했지만, 농지령은 정말 소작 계약에 일정한 규제를 해서
소작인 보호를 법으로 하기 시작했다는 의미가 있다.

　이렇게 조선에서 소작인 보호법이 최초로 도입되자, 일본인
대농장 주인들이 크게 반발했다. 무엇보다 소작인 보호법이라
는 것이 일본 국내에도 없었던 것이다. 당시 일본 지도층이 조
선인은 물론이고 자국의 하층민까지 거의 사람 취급을 안 했
음을 보여주는 사례이기도 하다. 일본인 지주들은 일본 본토
정부에 조선총독부의 처사가 불공정하다며 탄원서를 넣는 등
난리를 쳤다.

　이 무렵의 일본인 대농장주들은 개인이라기보다는 주식회
사들이 대부분이라, 조직적으로 이윤을 추구하는 이 기업들이
조선 농민들에게 자선의 손길을 내밀 여지는 없었다. 1929년

---

* 『동아일보』, 1930년 12월 17일자.

7월 기준으로 조선에서 가장 땅이 많은 농장주는 동양척식회사^{5만 정보}였으며, 후지흥업^{不二興業}회사^{4,555정보}, 후지농업^{不二農業}주식회사^{4,127정보}, 동산농사^{東山農事}주식회사^{4,100정보}, 선만개척^{鮮滿開拓}주식회사^{3,946정보} 등이 뒤를 이었다. 주주들에게 최대의 이윤을 배당하는 것이 사명인 이들에게는, 본국 일본에서도 실시하지 않는 소작인 보호법을 식민지 조선에서만 따르라는 것은 도저히 받아들이기 힘든 지시였던 것이다.

그나마 조선인 지주들은 조선 농지령에 호응했다. 아무래도 같은 동포로서 소작농들의 어려움을 모른 체하기 어려웠던 것이다. 일본 지주들에 대항해, 조선인 지주들이 모여 소작 입법을 통과시켜줄 것을 일본 당국에 호소했다고 알려져 있다.

이처럼 소작인 보호법을 본국 일본도 아닌 식민지 조선에서 최초로 도입하게 만들 정도로 조선 사람들은 무기력하게 당하지만은 않았다. 일본은 이제 조선에서도 벽에 부딪혔으니, 세계 대공황의 어려움에서 빠져나오려면 조선을 쥐어짜는 것 외에 다른 방도를 찾아야 했다. 앞서 살펴본 정한론^{征韓論}과 조선의 개항에서처럼 일본 정부는 위기가 닥치면 옆 나라를 침략해서 위기를 넘긴 경험이 풍부했으므로, 일본 정부의 선택은 또다시 전쟁이었다.

16 세계 대전쟁에 동원된 조선,
그리고 남은 것

일본은 1931년 만주사변을 일으키고 곧이어 1937년 중국과 본격적인 전쟁에 돌입했다. 대공황으로 몰린 일본 군부와 경제계가 다시 한번 크게 모험을 걸었던 것이다. 그들에게는 불과 수십 년 전에 일어난 운요호 사건[1875년]·청일전쟁[1894년]·러일전쟁[1904년] 등의 도박으로 연달아 큰 이익을 보았던 달콤한 기억이 있었다.

중국과의 전쟁이 일어나자 일본과 조선의 경제가 전쟁 특수에 힘입어 빠른 속도로 활기를 찾아가는 것처럼 보였다. 이에 일본 군부와 경제계가 자신들의 판단이 정확했다고 자화

1929년	1937년	1941년	1945년
세계 대공황 (전 세계 경제공황)	중일전쟁 (중국 침략 시작)	태평양전쟁 (연합군과 전쟁 시작)	일본 패망 (조선의 독립)

자찬할 만했다.

　전시 통제가 강화되는 가운데 생산의 확충은 더욱 진척되고, 경제계의 추이는 별로 마찰을 일으키지 않았으며, 대체로 순조롭다는 보고였다. 공업에 있어서 중공업·화학공업·식품공업이 시국의 진전에 따라 경영 상태가 매우 양호할 뿐 아니라 새로운 시설이 속속 들어서고, 광산업은 금광을 비롯한 각종 광업의 진흥이 큰 바 있어서 황금시대를 나타냈으며, 건설계는 각종 공사의 증가로 분주했다.*

일본의 중국 침공이 본격화되자, 바로 옆에 위치한 조선을 병참 기지로 만들려 한 것은 당연한 순서였다. 그런데 식량 및 원료 보급을 주로 담당하던 농촌 위주 식민지인 조선을 갑자기 공업 지역으로 만들기는 쉽지 않았다. 당장 일본 국내의 공업부터가 미국식 대량생산 체제나 소련의 저돌적인 공업화에 비해 한참 부족하다는 소리를 듣는 형편이었다. 1941년 진주만 기습을 시작으로 미국과 태평양전쟁을 시작할 때까지도 조선 땅에 직공 수 200명이 넘는 대규모 공장은 단 2%에 불과했

* 전국경제조사기관연합회 조선지부, 『조선경제연보』, 쇼와 15년판 (1940년), 123쪽.

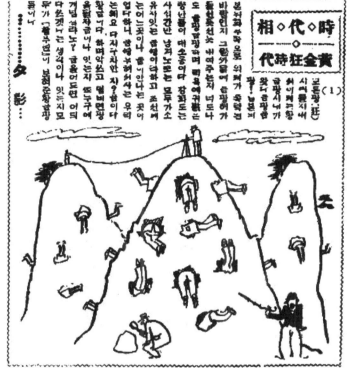

1932년 11월 29일자 『조선일보』 만평 '황금광시대'
'모든 광 시대를 지나서 이제는 황금광 시대가 왔다.'
1930년대 조선 땅에 금광 개발 붐이 일었다. 안석영은 1932년
11월 29일자 『조선일보』에 실은 만평 '황금광시대'에서
'조선에는 어느 곳이나 금이 안 나는 곳이 없다 하니
금 땅 위에 사는 우리는 왜 이다지 구차한지?'라고 꼬집었다.

다. 태평양전쟁 바로 직전인 1940년 통계에도 공업 총 생산액의 20%를 직원 5명 미만의 영세업자들이 담당하고 있었다.

그러므로 일본 경제계는 조선에서 체계적인 공업 육성을 시도하기보다 당장 돈이 될 만한 손쉬운 것들 위주로 투자했는데, 대표적인 것이 광산 개발이었다. 당시 광산 개발은 최첨단 기술을 동원할 필요 없이 조선인들을 강제 노역시키는 것만으로도 쉽게 생산을 늘릴 수 있었으므로 각광받았다. 1930년 말에 30여 개에 불과하던 광업회사가 1936년에는 100개, 1940년에는 205개로 늘어났다. 개항기에서 본 바와 같이 조선의 금광이 인기가 제일 많았다. 금덩이는 별다른 가공 없이도 파내는 즉시 세계 어디서나 돈으로 바꾸기 쉬웠기 때문에, 전쟁 자금을 쉽게 확보한다는 점에서도 좋았다. 광산업 투자액은 전쟁 기간 동안 22배가 늘어 다른 산업에 비해 독보적이었다.

그러나 반짝 호황도 잠시, 이번 전쟁은 앞서 일본이 걸었던 도박들과는 영 딴판으로 흘러가고 있었다. 이전에 일으킨 전쟁들에서는 한정된 지역에서 1~2년 안에 승부를 보고 끝낼 수 있었지만, 이번에는 세계대전 한복판에 뛰어든 셈이 되어 중국 내륙·만주·필리핀·호주·태평양의 섬들까지 전선戰線

<표-32> 중일전쟁 무렵의 각종 산업회사 투자금액(단위: 천엔千円)*

	1930년	1936년	1940년	1940년/1930년
농림	43,493	73,326	87,684	2.0
수산	5,988	8,043	19,380	3.2
광산업	12,584	81,644	275,945	21.9
제조업	68,316	139,090	384,971	5.6
전기, 가스	27,185	74,201	337,527	12.4
운수업	33,267	57,867	132,795	4.0
창고업	2,371	3,505	5,236	2.2

이 늘어났고, 영국·미국·소련을 위시한 연합국을 적으로 돌려버렸다. 결국 항복해서 망하지 않으려면 모든 밑천을 털어서라도 계속 전쟁을 해야 하는 상황이 되었고, 이에 일본 정부는 국가 총동원령을 내려 군사 물자를 마련하는 데 온 힘을 쏟도록 했다.

이때부터 전쟁 중이라는 명목을 내세워 일본 정부는 경제를 완전히 통제하기 시작했다. 전시 경제 체제에서는 일본 정부가 필요하면 어떤 물건의 가격을 마음대로 정할 수 있었고, 필요한 만큼 그 가격으로 매입할 수도 있었다. 대부분 군대에

* 스즈키 다케오(鈴木武雄), 『조선의 경제』(朝鮮の經濟), 日本評論社, 1942, 288쪽.

필요한 물건을 싼값에 압수하듯이 사들이는 경우가 많았다. 반면 군대와 관련되지 않은 물건은 수입이 금지되었고, 정부가 언제든 어느 산업이든 개입해 '지도'할 수 있었다. 그런 조치들의 여파는 다음 신문 사설에서 엿볼 수 있다.

> 금년의 조선은 유례없는 대풍작이라고 한다. …그러면 일반 농촌의 실상은 과연 어떠한가? 첫째, 금융 경색으로 인해 농촌의 궁핍은 상상 이상으로 심각한 모양이다. 지금 비상 상황으로 각 은행 및 금융기관에서는 일체의 대출을 경계하고 주저하는 형편이며… 게다가 설상가상으로 농민 생활을 더욱 곤란하게 하는 것은 오직 쌀 한 가지 말고는 모든 물건의 가격이 치솟는 일이다. 군사 관련 물품 이외의 수입은 철저하게 제한을 받거나 모두 금지되므로… 그러나 오늘 일반 농민, 특히 절대 다수인 소작농민이 소위 풍년의 맛을 보지도 못하고 더 곤궁하게 만드는 것은 농가의 빚 독촉이 불같은 것이다.*

정부가 경제를 통제하면서 신규 대출이 끊어지고 빚 독촉

---

* 「일제 치하 동아일보 압수 사설집」, 『신동아』, 1937년 10월 14일자(『동아일보』 1974년 1월호 부록).

이 자행된다는 것은 신용 공황이 왔음을 말한다. 또한 군사 관련된 물건만 수입이 가능해 모든 물건 값이 올랐고 전쟁에 쓸 돈을 대느라 일본 정부가 앞뒤 가리지 않고 전쟁 채권을 발행하며 새 돈을 찍어내고 있었으니, 인플레이션이 오지 않을 수가 없었다.

일본 정부가 조선에서 가장 많이 사들인 '군수품'은 또다시 곡물이었다. 모든 것을 전쟁에 쏟아붓던 시절에 물건을 제값 주고 사들일 리는 없으니, 나라에서 헐값에 강제로 가져가는 것이나 다름이 없었다. 그렇기 때문에 이번에는 일본인 지주들까지 손해를 보았고, 그 손해를 벌충하기 위해 소작농을 더욱 쥐어짜게 되었다.

1940년에는 조선 총 생산량의 40%가 넘는 쌀이 군량미로 강제 매입되었고, 1944년에는 60%를 넘었다. 앞서 1925년의 자료를 보면, 생산액이 120만 2,659원이고 수출이 23만 4,658원으로, 조선 곡물 생산의 약 19.5%가 나라 밖으로 유출되고 있었다.* 1925년 당시도 먹을 것이 부족해서 조선 사람들이 고통받던 시대인데, 19.5%가 아닌 60%를 가져간 후에 조

---

* 조선농회, 『조선농업발달사』, 발달편, 부록, 1944.

선 사람들이 어떻게 되었을지는 가늠하기 어렵지 않다.

더구나 예전에는 상품성이 떨어져 주요 수출 품목에서 빠져 있던 보리까지 1939년에는 매입 대상에 포함되었다. 처음에는 생산량의 20%에서 시작해서 나중에는 40%까지 비율이 늘어났다. 보릿고개라는 말에서 알 수 있듯 보리는 초여름에 수확할 수 있어 조선 사람들에게 쌀이 수확되는 가을까지 굶지 않고 버틸 수 있게 해주는 생명선이었는데, 그마저도 조선 사람들에게 돌아갈 양이 줄어든 것이다.

여기에 조선총독부는 쌀 생산을 독려하겠다며 강제적인 산미증식 계획을 또 들고 나왔다. 그렇게 거두어도 전쟁 통의 수요에는 부족했던 것이고, 곡물이 남기라도 하면 그것을 팔아 군자금으로 댈 수도 있으니 생산은 무조건 많을수록 좋았다.

조선은 미곡 생산의 여지가 아직 많고, 또한 일본 제국의 주요 식량 공급자인 사명에 비추어… 1942년도부터 대동아전쟁태평양전쟁 완수의 취지 밑에 철저한 대책을 세울 필요성을 일본과 조선 다 함께 통감해 대대적인 계획을 수립했다. 이 계획은 37만 7,000정보에 걸친 토지개량 사업 외에 더욱 관개 개선·개간·지목 변경·경지 정리·배수 도랑 정비·간척 등의 소규모 토지 개량 사업을 병행….*

　그러나 앞서 수리조합의 예에서 보았듯이, 경제 구조도 무시하고 위에서 강제로 부르짖으며 실시하는 정책이 제대로 효과를 볼 수는 없었다. 또한 이 태평양전쟁 시기에는 설령 조선 농민들이 그럴 의지가 있었다 하더라도 쌀 생산을 늘리기 어려웠다. 일단 군대에 모든 물자가 공급되느라 농기구·종자·비료 등의 원료가 턱없이 부족해졌으며, 전쟁 동원이라면서 농촌에 남았던 사람까지 잡아다가 노역에 투입하거나 병사로 내모는 바람에 일할 사람도 없어졌다. 처음 전쟁을 시작했을 때에는 '내 땅 근처에 가난하고 게으른 조선 것들 잡아가서 일 시킨다'고 좋아하던 일본인 지주들도, 막상 전쟁이 확대되자 자기 땅에서 일할 사람이 사라져버렸기 때문에, 쌀 생산을 못 해 다 같이 망해가는 결말을 맞이하게 되었다.

　1941년까지 소작 농사의 추세를 보면… 1914년에는 전 농가 호수의 41%에 불과하던 것이 1942년에는 54%로 증가했다. …소작농에 있어 1942년을 절정으로 해 약간의 감

---

* 경성일보사(京城日報社), 『조선연감』(朝鮮年鑑), 1945, 112쪽.

조선총독부 의원 본관

1910~45년 우리나라를 지배한 일본 제국주의 최고의 식민통치기구다.
지배구조상의 변화로 제1기(1910~19)·제2기(1920~36)·
제3기(1937~45)로 구분된다.

소는 전쟁 말기에 군수 공업의 노동자 확충 및 강제 징용으로 인한 영세 소작농민의 노동 전환이 명확히 나타나게 된 것이다.*

전쟁 시 일손 부족에 관해 일본 학계가 두 가지 대립된 견해를 내세우기도 했다. 하나는 강제 징용 때문에 노동력이 모자라니 소작인들을 일시에 대규모로 모아서 집단 농장을 만들어 규모의 경제를 살려보자는 견해였고, 다른 하나는 오히려 소작농을 개별적으로 지원해 곡물 생산을 통해 전쟁 수행에 이바지해야 한다는 보수적인 주장이었다. 이런 논의들이 나온 것은 전쟁으로 인해 식량과 노동력 모두 부족해진 상황을 보여주는 것이다.

그러나 실제로는 그 어느 쪽이든 논의만 있었을 뿐 실행할 수 없었던 것이, 일본은 '영혼'까지 끌어다 쓸 지경으로 모든 것을 군대에 몰아넣고 있었기 때문에 조선의 농업 같은 다른 산업에 돈을 쓰는 일에는 엄두도 낼 수 없었다. 게다가 투자로 인해 어떤 산업에서 생산이 조금 늘어난다고 해도 이미 경제 전체가 엉망이 되어가는 상황에서 대세를 뒤집을 수는 없

* 조선은행(朝鮮銀行), 『조선경제연보』(朝鮮經濟年報), 1948, 1~27쪽.

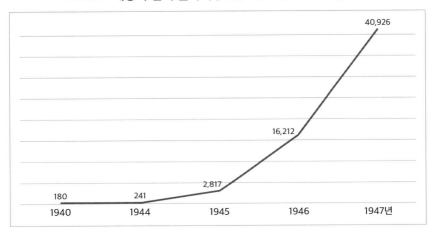

<표-33> 해방 무렵의 물가지수(1936년 초를 100으로 잡음)*

180	241	2,817	16,212	40,926
1940	1944	1945	1946	1947년

었다.

그렇게 전쟁이라는 도박에 모든 것을 쏟아붓던 일본은 1945년 8월 15일 연합국에 항복했다. 일본이 자국의 주머니까지 다 털어가며 전쟁을 치르는 상황에서 식민지 조선에 무언가 남겨둘 여유도 이유도 전혀 없었으니, 전쟁 후 조선에는 그야말로 아무것도 남지 않았다. 게다가 일본이 패망 때까지 지폐를 마구 찍어 조선에 뿌리는 바람에, 해방 후 조선은 1944년 물가지수 241에서 3년 만에 4만 926이라는 170배가

* 조선은행, 『조선경제연보』, 1948.

오른 인플레이션을 떠안게 되었다.*

30여 년의 일본 통치 결과, 조선은 철저하게 무너진 폐허 위에서, 독립이라는 것 하나만을 가지고 시작하게 된 것이다.

* 해방 직후 초인플레이션에 대해서는 '정판사 위조 지폐 사건' 등 흥미로운 논점이 많이 있으나, 발단은 패망의 궁지에 몰린 일본이 앞뒤 재지 않고 돈을 찍어낸 것이다. 같은 기간 일본 국내에서도 초인플레이션이 일어났다. 일본의 소비자 물가 증가율은 1945년 224%, 1946년 289%, 1947년 116%다(*Hundred-Year Statistics of the Japanese Economy*, 1966, The Bank of Japan).

지천명을 생각하다

■ 에필로그

이 책의 바탕이 되는 글을 쓴 김준보 교수는 한국경제학회·한국농업경제학회·한국통계학회의 회장을 역임한, 해방 후 한국에서 경제학·농업학·통계학의 기초를 세운 학자이자 나의 할아버님이다. 할아버님은 공부가 즐거워서 하는 분이었다. 추석과 설날이면 일가 친척들이 모여서 화기애애할 때도 방 안에 들어가서는 책을 읽고 논문을 쓰던 분이었다. 공자 말씀에, "아는 사람은 좋아하는 사람만 못하고, 좋아하는 사람은 즐기는 사람만 못하다"했다. 즐기는 자가 되면 그 사람은 그 분야의 천하무적이 된다고들 하는데, 나에게는 공부를 즐기는 자가 바로 옆에 있었던 것이다.

나는 공부가 즐겁지 않았다. 그러니 즐기는 자에 비하면 결과가 초라할 것이 분명했으므로 교수직은 어릴 적 나의 기피 대상이었다. 어찌어찌해서 지금은 교수가 되었지만, 많은 성과는 내지 못하고 있다.

미국에 온 뒤 자리가 좀 잡히고 숨을 돌릴 만해졌을 때, 할아버님의 제자분들이 회고 논문집을 발간했다. 읽다 보니 많은 연구가 식민지 조선에 관한 것임을 알게 되었다. 그 내용은 학교 국사 시간에 배운 것들이었으나 시중에 도는 책들의 논지, 특히 '식민지 근대화론'과는 달랐다.

일본이 조선을 근대화시켰다는 논리는 원래 일본 학자들이 식민 지배를 정당화하기 위해 사용한 것이다. 그것이 '과학적 방법'을 썼다는 미명하에 식민 지배를 받았던 한국에서 유행하는 것은 아무리 생각해도 납득이 어려웠다. 학문에서 어떤 이론을 세울 때, 그것이 인간의 본성에 맞지 않는다면 그 이론은 대부분 문제가 있는 것이다. 그러한 이론들이 내세우는 통계 등의 분석 방법들은 어디까지나 도구에 불과하기 때문에, 더 최신의 복잡한 기법을 썼다고 그 이론이 더 진실에 가깝다는 보장은 없다. 나 역시 통계의 여러 속임수들을 잘 알고 있기에, 논문을 심사할 때 먼저 생각하는 것은 '이게 말이 되나'부터 시작하지, 결과값을 무슨 통계로 뽑았는지 등은 그다음에 보곤 한다.

그런데 '인간은 자신의 이익을 최대한 높이기 위해 노력한다'라는 명제는 진실에 가깝지 않을까? 일본인들이 조선에 들어왔을 때 그들의 제1목표는 자신의 이익을 최대로 높이기 위한 것이었고, 조선 사람들의 이익은 안중에 없었음이 분명할진대, 조선이 식민 지배로 덕을 본 것처럼 포장하는 식민지 수혜론은 앞뒤가 맞지 않았다. 그 의문을 할아버님의 논문집이 말끔히 풀어주었다. 이런 명쾌한 설명이 있었는데, 한국사에 문외한도 아닌 내가 어째서 전혀 내용을 모르고 있었을까 싶었고, 꼭 다른 이들에게 알려야겠다는 생각이 들었다. 그러나 논문들이 너무 오래되었고 한문·일어·영어·독일어 등이 뒤섞여 있어, 내용이 좋아도 그대로 사용하기에는 어려워 보였다.

나는 혈연을 내세워, 논문들을 재구성해 식민지 조선의 역사, 특히 경제사 부분을 책으로 만들게 되었다. 경제학과 통계학 등이 버무려진 내 전공 금융학이 아주 동떨어진 학문 분야가 아니라 다행이었다. 예전에 할아버님이 들려주시던 몇몇 이야기도 생각나는 대로 책에 반영할 수 있었다. 아쉬운 것은, 원저자가 살아 있을 때 작업을 시작할 만한 여유가 나에게 있었더라면 보다 깊이 있는 내용을 담아낼 수 있었으리라 하는 생각이다.

나는 여전히 공부를 즐기지 못하지만, 즐기는 자가 남긴 업적을 이렇게 다시 살려낼 수 있다는 것이 나이 50에 알게 된다는 역할知天命이 아닐까 싶다.

2022년 11월

김석원

김준보 교수 저서 목록[출간순]

『토지개혁론요강』, 3·1출판사, 1948.

『현대통계학』, 민중서관, 1952.

『추측통계』, 민중서관, 1956.

『일반경제학』, 박영사, 1958.

『이론경제학: 케인즈 이후의 분석론 체계』, 박영사, 1961.

『농업경제학서설: 한국 자본주의와 농업문제』, 고려대학교출판부, 1966.

『경제통계론: 계량경제학의 기초체계』, 일조각, 1969.

『한국자본주의사연구 I : 3·1운동과 경제사적 단계규정』, 일조각, 1970.

『한국자본주의사연구 II: 봉건지대의 근대화 기구분석』, 일조각, 1974.

『한국자본주의사연구 III: 인플레이션과 농업공황』, 일조각, 1977.

『산업연관분석론』, 법문사, 1975.

『한국경제와 임금구조』, 고려대학교출판부, 1979.

『현대경제학서설: 이론 역사 인간의 체계』, 법문사, 1981.

『경제학기초논고』, 고려대학교출판부, 1986.

『토지문제와 지대이론』, 한길사, 1987.

『경제학의 기초: 물신성과 인간소외』, 한길사, 1991.

『한국근대경제사특강』, 연세대학교출판부, 1993.

『경제연구논집 I: 가치와 가격전화론』, 신성인쇄상사, 1996.

『경제연구논집 II: 가치법칙의 재인식』, 신성인쇄상사, 1998.

『경제연구논집 III: 신가치론고』, 신성인쇄상사, 2001.

참고문헌

가지카와 한자부로(梶川半三郎), 『실업의 조선』(實業之朝鮮), 朝鮮硏究
會, 1911.

가토 스에로(加藤末郎), 『조선농업론』(朝鮮農業論), 裳花房, 1904.

강덕상(姜德相), 「이씨 조선 개항 직후의 조일 무역 전개」(李氏朝鮮開港直
後に於ける朝日貿易の展開), 『역사학 연구』제266호, 1962.

경성일보사(京城日報社), 『조선연감』(朝鮮年鑑), 1945.

고승제, 「이조 말엽 화폐위기의 분석」, 『서울대학교 논문집 인문사회과
학편』제2집, 1955.

『고종실록』, 고종 11년(1874년) 3월 26일자 두 번째 기사.

———, 고종 3년(1866년) 10월 30일자 두 번째 기사.

국사편찬위원회, 『고종시대사』6, 주한일본공사관 기록, 광무 8년
(1904년) 11월 23일자.

———, 『화폐와 경제활동의 이중주』, 두산동아, 2006.

『군산일보』(群山日報), 1933년 5월 7일자.

기리노 도시아키(桐野利秋), 「정한론」, 『서남기전』(西南記傳) 제1책 상권
1, 黑龍會, 1908.

김광진, 「이조 말엽 조선의 화폐문제」, 『보전(普專) 학회논집』 제1집, 1934.

김용섭, 「광무, 양안(量案)에 관한 연구」, 『아시아연구』 31호, 1963.

───, 『조선후기 농업사연구』, 일조각, 1970.

김윤식(金允植), 『운양집』(雲養集) 7-2, 전폐론(錢幣論), 1890년대 초.

김준보, 「개항기 농업공황의 양성과정」, 『사회과학』 제1권, 고려대학교 정경대학문집, 1972.

───, 「백동화 인플레이션과 농업공황 기구」, 『사회과학논집』, 연세대학교 사회과학연구소, 1974.

나카자와 벤지로(中澤辨次郎), 『일본 미가 변동사』(日本米價變動史), 明文堂, 1933.

다카오 신에몬(高尾新右衞門), 『원산 발달사』(元山發達史), 啓文社, 1916.

도쿄은행집회소(東京銀行集會所), 『은행통신록』, 1902년 6월호, 제34권.

『동아일보』, 1922년 1월 6일, 만성생(晚性生) 논문.

───, 1923년 12월 8일자.

───, 1926년 11월 22일자 사설.

───, 1927년 8월 5일자.

───, 1930년 12월 17일자.

───, 1931년 8월 5일자.

───, 1932년 4월 10일자(전라남도 장성군의 사례).

───, 1932년 4월 12일자.

러시아 제국 대장성, 『한국지』, 1905.

문정창, 『군국일본 조선점령 삼십육년사』(軍國日本 朝鮮占領 三十六年史) 상권, 柏文堂, 1965.

문정창, 『한국 농촌 단체사』, 일조각, 1961.

미카미 유타카(三上豊), 전환국 회고록, 『한국경제사문헌』, 경희대학교 한국경제경영사연구소, 1931.

박종인, 「박종인의 땅의 역사: 호러스 알렌과 운산금광」, 『조선일보』, 2021년 8월 11일자.

방곡령 사건, 한국민족문화대백과사전(kosis.kr) 참조.

부동산조사회, 「토지건물증명규칙요지」(조선농회, 『조선농업발달사』, 발달편, 1944, 16쪽에서 재인용).

『비변사등록』, 고종 19년(1882년) 1월 8일(장여고 귀인이 호소한 내용).

비숍(I. B. Bishop), 이인화 옮김, 『한국과 그 이웃 나라들: 백년 전 한국의 모든 것』(*Korea and Her Neighbors II*), 살림, 1994.

사와무라 야스시(澤村康), 『농업정책』 상권, 改造社, 1932.

스즈키 다케오(鈴木武雄), 『조선의 경제』(朝鮮の經濟), 日本評論社, 1942.

『승정원일기』, 고종 12년(1875년) 12월 2일.

──, 고종 14년(1877년) 1월 9일.

──, 고종 15년(1878년) 10월 12일.

──, 고종 16년(1879년) 1월 24일.

──, 고종 17년(1880년) 7월 21일.

──, 고종 23년(1886년) 12월 4일.

──, 고종 25년(1888년) 8월 6일, 김병시(金炳始)가 올린 보고서.

──, 고종 25년(1888년) 8월 26일, 김병시의 진언.

시오카와 이치타로(塩川一太郎), 『조선통상사정』(朝鮮通商事情), 八尾書店出版, 1895(시카타 히로시, 「조선 근대자본주의의 성립과정」, 『조선사회경제사연구』, 1933, 88쪽에서 재인용).

시카타 히로시(四方博), 「조선 근대자본주의의 성립과정」, 『조선사회경제사연구』(朝鮮社會經濟史硏究), 경성제대 법문학회 편찬, 1933.

신영우, 「1894년 왕조정부의 동학농민군 인식과 대응」, 『한국근대사연구』, 2009.

쓰마가리 구라노조(津曲藏之丞), 『조선경제연구』(朝鮮經濟硏究), 1925.

아오야기 난메이(靑柳南冥), 『조선독립소요사론』(朝鮮獨立騷擾史論), 朝鮮硏究會, 1921.

애덤 스미스(Adam Smith), 『국부론』(*Wealth of Nation*), 제3편 '공공채권', 1776.

야마베 겐타로(山邊健太郎), 『일본의 한국 병합』(日本の韓國倂合), 岩波新書, 1966.

엄찬호, 「청일전쟁에 대한 조선의 대응」, 『한일관계사연구』, 2006.

『은행통신록』(銀行通信錄), 1902년 6월호, 제34권.

『일성록』, 정조 23년(1799년) 3월 22일.

———, 고종 3년(1866년) 7월 30일.

———, 고종 15년(1878년) 5월 26일.

———, 고종 17년(1880년) 11월 11일.

———, 고종 18년(1891년) 11월 6일.

오사카 상업 의원회, 한국산업시찰보고서(시카타 히로시, 「조선 근대자본주의의 성립과정」, 『조선사회경제사연구』, 1933, 175쪽에서 재인용).

오우치 쓰토무(大內力), 『농업공황』(農業恐慌), 1958, 324쪽 자료(일본 농상무성 농무국, 1915, '쌀에 관한 조사'米に關する調査에서 재인용).

오카 요이치(岡庸一),『최신한국사정(最新韓國事情): 한국경제지침(韓國經濟指針)』, 高山堂, 1904.

오카자키 엔코(岡崎遠光),『조선금융 및 산업정책』(朝鮮金融及產業政策), 同文館, 1909.

와다 이치로(和田一郎),「토지제도」,『지세제도 조사보고서』, 1920.

유길준,「지제의」(地制議),『유길준 전집: 정치경제 편』, 1891.

유바다,「1883년 김옥균 차관교섭의 의미와 한계」,『한국근현대사연구』 제54집, 2010.

유자후(柳子厚),『조선화폐고』(朝鮮貨幣考), 학예사, 1940.

육지면재배10주년기념회(陸地棉栽培 十週年紀念會),『육지면 재배 연혁사』(陸地棉栽培沿革史), 1917.

이광수,『흙』, 1932. 4. 12~1933. 7. 10『동아일보』연재.

이노우에 하루마루(井上晴丸),『일본 자본주의의 발전과 농업 및 농정』(日本資本主義の發展と農業及び農政), 中央公論社, 1957.

이병경,「일본인의 황무지 개척권 요구에 대해」,『역사학보』, 1964.

인정식(印貞植),『조선의 농업기구분석』, 백양사, 1937.

일본 고등경찰(高等警察) 제32778호 민정(民政)보고, 1911년 11월 19일 경남지사.

일본 농림성,『본방농업요람』(本邦農業要覽), 1940.

일본은행,『본방경제통계』(本邦經濟統計), 1934.

일본 농상무성,『한국토지농산보고』, 전라·경상도 편, 1905.

일본화폐사(日本貨幣社), 일본은행 화폐박물관(imes.boj.or.jp/cm/) 참조.

일제의 문화정치, 우리역사넷(contents.history.go.kr) 참조.

「일제 치하 동아일보 압수 사설집」(日政下 東亞日報 押收社說集), 『신동
아』, 1937년 10월 14일자(『동아일보』 1974년 1월호 부록).

임병윤(林炳潤), 「조선경제문답」(朝鮮經濟の問答), 『改造』, 1935년
11월호.

전국경제조사기관연합회 조선지부, 『조선경제연보』(朝鮮經濟年報), 改造
社, 쇼와 14년판(1939년), 쇼와 15년판(1940년).

전봉관, 「제국의 황혼: '동양의 엘도라도' 운산금광」, 『조선일보』, 2010년
4월 1일자.

정약용, 『목민심서』, 호전(戶典) 6조 제1조 전정(田政), 1821.

제일은행, 『한국화폐정리보고서』, 1909.

───, 『제일은행 50년소사』(第一銀行五十年小史), 1926.

───, 제일은행 반계(半季) 고찰표, 1880년 7월.

조선 기업 안내(朝鮮企業案內), 『실업의 조선』(實業の朝鮮), 1904.

조선농회, 『조선농업발달사』(朝鮮農業發達史), 1944.

───, 『조선의 소작관행』(朝鮮の小作慣行), 1930.

조선은행, 『조선경제연보』(朝鮮經濟年報), 1948.

조선총독부 내무국 사회과, 농가 경제 관련 자료, 1925년 9월.

조선총독부 농림국, 『조선미곡요람』(朝鮮米穀要覽), 1934.

───, 『조선소작 참고사항적요』(朝鮮小作 參考事項摘要), 1933.

조선총독부 식산국, 『조선농지연보』(朝鮮農地年報), 1940.

조선총독부, 『조선의 보호 및 병합』(朝鮮の保護及び併合), 1917.

───, 『조선의 소작 관습』(朝鮮の小作慣習), 1929.

───, 『조선의 소작에 관한 참고사항적요』(朝鮮ニ於ケル小作ニ關スル
參考事項 摘要), 1933.

『조선총독부 통계 연보』(朝鮮總督府 統計年報), 1925.

『조선통상구안삼관무역책』(朝鮮通商口岸三關貿易冊), 1890, 무역정형론
(貿易情形論).

『증보문헌비고』(增補文獻備考), 1908.

츠치야 타카오(土屋喬雄), 『시부사와 에이이치 전기 자료』(澁澤榮一傳記
資料) 16권, 龍門社, 1957.

커즌(G.N. Curzon), 라종일 옮김, 『100년 전의 여행 100년 후의 교훈』
(*Problems of the Far East*), 1996.

『통상신약(通商新約): 신이신행시(辛巳信行時)』, 1881년 12월 24일, 규장
각 도서.

한우근, 「동학군의 폐정개혁안 검토」, 『역사학보』 23집, 1964.

『황성신문』, 광무 6년(1902년) 3월 21일자.

──────, 광무 6년(1902년) 3월 28일자.

──────, 광무 6년(1902년) 11월 25일자.

──────, 광무 9년(1905년) 8월 30일자.

──────, 광무 9년(1905년) 11월 13일자.

──────, 광무 9년(1905년) 11월 17일자.

황현(黃玹), 『매천야록』(梅泉野錄) 제1권 上(1894년 이전).

『효종실록』, 효종 4년(1653년) 3월 4일.

후쿠다 도쿠조(福田德三), 「한국의 경제조직과 경제단위」(韓國の經濟組織
と經濟單位), 1903.

히사마 겐이치(久間健一), 『조선농업의 근대적 양상』(朝鮮農業の近代的樣
相), 西ヶ原刊行會, 1935.

British Consular Reports, Foreign Office, Annual Series, 1894, No. 1088.

Garrett Droppers, "Monetary Changes in Japan," *The Quarterly Journal of Economics 12*, 1898.

Hundred-Year Statistics of the Japanese Economy, 1966, The Bank of Japan.

도표 및 도판 일람표

■ 도표

■ 도판

김석원(Kim SukWon, 1976~)

서울대학교 경제학과를 졸업했다. 이 책의 바탕이 된 논문들의 저자, 고(故)
김준보(金俊輔, 1915~2007) 교수의 손자로 텍사스대학 오스틴캠퍼스
(University of Texas at Austin)에서 경영학 석사(MBA)를,
밴더빌트대학(Vanderbilt University)에서
경영학 박사(PhD)학위를 받았다.
캘리포니아대학 리버사이드캠퍼스(University of California, Riverside)에서
경영학과 조교수를 지냈고, 현재 털사대학(University of Tulsa)
경영학과 부교수로 재직 중이다.

일본의 한국경제 침략사

쌀·금·돈의 붕괴

지은이 김석원
펴낸이 김언호

펴낸곳 (주)도서출판 한길사
등록 1976년 12월 24일 제74호
주소 10881 경기도 파주시 광인사길 37
홈페이지 www.hangilsa.co.kr
전자우편 hangilsa@hangilsa.co.kr
전화 031-955-2000 **팩스** 031-955-2005

부사장 박관순 **총괄이사** 김서영 **관리이사** 곽명호
영업이사 이경호 **경영이사** 김관영 **편집주간** 백은숙
편집 최현경 박희진 노유연 이한민 김영길
관리 이주환 문주상 이희문 원선아 이진아 **마케팅** 정아린
디자인 창포 031-955-2097
인쇄 예림 **제책** 예림바인딩

제1판 제1쇄 2022년 11월 30일
제1판 제2쇄 2023년 5월 31일

값 20,000원

ISBN 978-89-356-7811-2 03910